教宗良十四世

LEO XIV

Portrait of

THE FIRST AMERICAN POPE

從芝加哥、秘魯到羅馬聖座

MATTHEW BUNSON
瑪竇·邦森——著
王念祖——譯

謹以本書獻給我的妻子——邦妮・邦森

好評推薦

（順序依姓氏筆畫排列）

黃敏正——天主教台南教區主教

就任台南教區主教將近兩年，於五月八日有了新教宗良十四世。地方教會與普世教會合一，教區主教在與教宗的共融中為天主子民服務。誠摯推薦此專論教宗良十四世的新書，成為同道偕行的橋梁。

蘇耀文——天主教台中教區主教

《教宗良十四世》描繪首位美國籍教宗從芝加哥走向羅馬的非凡旅程，展現他以和平與合一為使命的牧職精神。書中融合歷史視野與奧斯定靈修傳統，細膩刻畫這位橋梁建造者在信仰與社會動盪中的回應。本書不僅是教宗的傳記，更是一部時代的省思與信仰的鼓舞。

鍾安住　—— 天主教台北總教區總主教

我誠摯邀請眾位弟兄姊妹們，藉由本書認識我們的現任教宗——良十四世，一位深具牧靈福傳熱忱與沉潛祈禱精神的牧者。他的生命深刻見證了在天主面前的謙卑與順服，也回應了現代社會對真理與慈悲的渴求。值此二〇二五禧年之際，我們更當懷著朝聖者的勇氣與心神，共同在人生旅途中與教宗同道偕行，走向希望與生命的泉源。

劉振忠　—— 天主教高雄教區主教

在動盪不安的時代，教宗良十四世如黎明前的微光，他肩負起合一與革新的召喚，成為橋梁的建造者。他以慈悲為杖、以正義為鞋，踏入教會與世界的裂縫之中。這本《教宗良十四世》帶你走近這位牧者，洞見教會未來的希望與方向。

推薦序

當今世界所需要的正能量

前副總統、中央研究院與宗座科學院院士
陳建仁

這本好書簡明扼要地敘述新教宗的成長歷程和背景、信仰核心、多元神職生涯，以及未來願景。內容精彩、洞察敏銳、論述深刻、文辭優美、譯文流暢，具有讓讀者先睹為快、欲罷不能、一氣呵成的吸引力！

我們可以感受到天主在揀選、塑造教宗良十四世時的用心良苦，讓具有法、西、義、非裔血統，成長在芝加哥新興教區的虔誠天主教家庭，接受奧斯定會的學校修會培育的羅伯特·方濟各·普雷沃斯特樞機主教，成為第一位來自美國的教宗，也是第一位傳教士教宗。

新教宗在聖伯多祿大殿陽台，向數萬名群眾首次頒賜宗座遐福〈致羅馬城及全世界〉（Urbi et Orbi）時，第一句話就是：「願你們平安！」這是耶穌基督復活後的第一句問候語，正是當今這個充滿戰爭動亂、災難痛苦、價值混淆、喧囂忙碌的世界，所需要的沉穩、寧靜、清明、慈悲、堅忍的良善力和正能量。

經過四次投票，參加秘密會議的樞機主教們希望選出的教宗是「搭建橋梁者」——真正跨越文化、政治、經濟與教會分歧的和平橋梁。復活基督的平安，將成為新教宗任期的核心，以及為這個分裂世界搭建能夠彼此對話合作橋梁的根基。

新教宗選擇「良十四世」作為宗座名號，展現他將延續教宗良十三世在一九八一年頒佈的《新事通諭》所大力推動的天主教社會訓導，指導信徒如何在社會中生活，並且以具體行動來促進正義、和平和愛德。它是基於教會的信仰，強調人類尊嚴、公共利益、團結互助和正義等原則，對社會、政治、經濟等各層面提出指導。社會訓導不僅是一套理論，更是行動的呼籲。鼓勵信徒在日常生活中，以具體行動來體現這些原則，例如關懷弱勢、參與社會公益，建立一個更美好、更公正的社會。

教宗良十三世在第一次工業革命的背景下，提出社會問題和因應對策；教宗良十四世將在數位科技與人工智慧革命的挑戰下，捍衛人類尊嚴與社會公義！新教宗將以他的牧徽上的主教格言，也是聖奧斯定在他的《講道集》提到的「在唯一的天主內，我們合而為一」來推動他的理念。他引用聖人所說的「『為』你們，我是主教；『與』你們在一起，我是基督徒」來邀請神職人員、平信徒和每一個人，一起在耶穌基督內同為一體，合作重建教會的合一、社會的團結與世界的和平。

這本華文世界的第一本新教宗傳記，讓我們能夠全方位認識這位來自美洲的傳教士教宗，以及他將如何引領教會航向全球的新時代。相信讀者們都可以領悟到天主的慈愛與恩寵，為我們召選了一位充滿智慧、慈悲和勇氣的大牧者！

推薦序

奇異恩典：跨越萬里的情誼

大千醫院教學副院長
Taiwan Box 共同設計者
賴賢勇

你們白白地得來，也要白白地捨去。（馬太福音 10:8）

當我懷着敬畏的心翻開這本《教宗良十四世》時，彷彿又回到了那個令人心碎、卻又充滿希望的二〇二〇年春天。那時，新冠疫情如洪水猛獸般席捲全球，每一個國家都在為防疫物資的短缺而徹夜難眠。就在那個人心惶惶、前路茫茫的時刻，我與現在的教宗良十四世——當時還在秘魯偏遠地區默默耕耘的羅伯特・普雷沃斯特樞機主教——因為一個上帝奇妙的安排而結下了跨越萬里的情誼。

那些日子裡，我如同一個不知疲倦的守夜人，在花蓮門諾醫院夜以繼日地工作著。每當看見新聞中醫護人員因為缺乏足夠防護而感染病毒的報導，我的心就如刀割般疼痛。「主啊，請讓我能為這些在第一線拯救生命的天使們做些什麼！」我在心中無數次這樣祈禱著。

因為我餓了，你們給我吃；渴了，你們給我喝；我作客旅，你們留我住；赤身露體，你們給我穿；我病了，你們看顧我；我在監裡，你們來看我。（馬太福音25:35-36）

經過無數次的失敗與重新開始，我與兩位同樣懷抱救人使命的醫師夥伴，終於設計出了「Taiwan Box防疫箱」。這個小小的防疫箱，不僅承載著我們對醫護同仁的守護之心，更凝聚了台灣人民對全世界苦難同胞的無限愛意。命運的安排總是如此奇妙。當屏東縣政府得知遠在地球另一端的秘魯正面臨嚴重的防疫物資短缺時，他們想到了我們的Taiwan Box。「能不能把這些防疫箱送到最需要的地方去？」當這個請求傳達到我面前時，我的內心感動得無法言喻。這不正是上帝對我們祈禱的回應嗎？

施比受更為有福。（使徒行傳20:35）

我和夥伴們毫不猶豫地答應了，因為我深深相信，在這個被疫情撕裂的世界裡，愛是唯一能夠跨越一切隔閡的力量。沒有人是孤島，只有當我們彼此扶持、攜手同行時，人類才能走出黑暗，迎向光明。兩千五百個Taiwan

Box防疫箱，滿載著台灣人民滾燙的愛心，從屏東的土地出發，跨越浩瀚的太平洋，最終抵達了秘魯北部那些被貧困與疫情雙重折磨的偏遠社區。而親自接收這批珍貴物資的，正是當時擔任奇克拉約總主教的羅伯特·普雷沃斯特樞機。

當我第一次透過視訊畫面見到他時，我的心靈深深震撼了。他那雙眼睛——那雙飽含著慈悲與智慧、痛苦與希望的眼睛，彷彿能夠看透人心最深處的渴望。在那一瞬間，我彷彿看見了耶穌基督的影子，看見了一個真正以愛為名的靈魂。

> 我實在告訴你們：這些事你們既做在我這弟兄中一個最小的身上，就是做在我身上了。（馬太福音25:40）

閱讀這本感人至深的傳記，我終於明白了當時那份震撼的真正源頭。書中細膩地記述了教宗良十四世在秘魯二十多年的傳教歲月，他不僅是一位虔誠的神職人員，更是當地貧苦民眾心中永遠的「北方聖人」。他踏遍了最偏遠的山村，走進了最破敗的貧民窟，與那些被世界遺忘的人們同甘共苦，用自己的生命詮釋了什麼叫做「愛人如己」的真諦。

當我從新聞中得知他被選為新任教宗時，我的眼淚奪眶而出——不是因為我曾經與他有過這份機緣，而是因為我知道，這個傷痕累累的世界終於迎來了一位真正理解底層苦難、真正關懷弱勢群體的精神領袖。在他的帶領下，天主教會將會成為一座溫暖的燈塔，為在黑暗中摸索的人們指引方向。

他醫好傷心的人，裹好他們的傷處。（詩篇 147:3）

這本書最令我心潮澎湃的地方，就是它真實而動人地記錄了一個普通人如何在不同的人生階段、不同的環境挑戰中，始終保持著那顆服務他人、奉獻愛心的赤子之心。從芝加哥充滿挑戰的多元社區，到秘魯偏遠山區的簡陋教堂，從默默無聞的基層神父，到舉世矚目的全球天主教會領袖，教宗良十四世從未忘記自己的神聖使命——成為上帝與人民之間的橋梁，成為不同世界、不同文化之間的紐帶。

我滿懷深情地向所有關心人類福祉、渴望心靈慰藉的讀者推薦這本書。這不僅僅是一部記錄個人生平的傳記，更是一部關於希望與絕望、慈悲與救贖、服務與奉獻的現代福音書。在這個充滿分歧與對立、冷漠與仇恨的時代，我們迫切需要更多像教宗良十四世這樣的愛心使者，用溫暖的雙手為這個支離破碎的世界編織希望的彩虹。

願這本感人肺腑的傳記能夠如甘露般滋潤每一個讀者的心田，啟發更多人在自己的專業領域中發揚台灣人的美麗精神——用創新的智慧和無私的愛心，為這個需要溫暖的世界帶來更多的希望與光明。

你們要彼此相愛，像我愛你們一樣；這就是我的命令。人為朋友捨命，人的愛心沒有比這個大的。（約翰福音15:12-13）

目錄

CONTENT

為教宗祈禱

以下為教宗良十三世所頒授，為普世教會最高教長祈禱文。

主，我與千萬信友同心合意，俯伏在祢臺前，懇切祈求：求祢施救、保護並常眷顧基督在世的代表，信友榮耀的大家庭的慈父，我們的聖父。今日及每一日，他都為我們祈禱，向祢奉獻那愛與和平的至聖祭獻。主啊，求祢轉面垂顧我等善忘且自以為是的人，我們在此由衷地為他祈禱。

求祢悅納我們連同他的祈禱，使教會子民與他們的聖父在祢無限慈悲的懷中緊密結合，如同那鮮活而有效力的愛德的馨香。

他今天向祢所求的一切，我們也為他祈求。無論他是憂傷或喜樂，或在為他的子民獻上愛的祭獻時，我們與他同心一致。我們衷心切望與他同聲祈禱。

仁慈的主，求祢垂憐，讓他在祈禱的時候，在祭獻祢至聖聖子時，沒有遺忘我們中的任何一人。

當我們至敬至愛的教宗拿起耶穌基督至聖聖體在聖爵之上，祝福信眾說「願主的平安常與你們同在」時，吾主，求祢將最美好的平安，以全新而彰顯的大能注入我們的心中，並臨於普世萬國之上。

——《祈禱經文集》（*The Raccolta*，一九一〇年出版）

作者序

「願你們平安！」

二〇二五年五月八日午後，數萬民眾聚集在聖伯多祿廣場，焦急地等待選舉教宗的樞機們在西斯汀聖堂作出的決定。這場專為選出教宗方濟各繼任者而舉行的秘密會議（conclave）已進入第二天，從西斯汀聖堂屋頂臨時安裝的煙囪所冒出的黑煙顯示，先前進行的三輪投票皆無結果。第四輪投票——當天下午的第一輪——此時理應已經結束，若是仍無結果，樞機們將要進入第五輪投票，並焚燒選票以產生黑煙或白煙。

然而，就在羅馬時間下午六點零八分，白煙突然自煙囪升起，現場群眾立即歡聲雷動：秘密會議的樞機們已選出教會史上的第二百六十七任教宗。事情發生的經過就是，選舉在第四輪投票得到結果，因此按照秘密會議規定，焚燒選票以產生白煙。

當夕陽西下，落日的餘輝照耀著羅馬城時，聖伯多祿大殿中央陽台後方的門扉打開，執事級首席樞機多米尼克・曼貝蒂（Dominique Mamberti）用拉丁語宣告：

我向你們宣布一個大喜訊：我們有教宗了！羅馬聖教會的樞機閣下羅伯特・方濟各・普雷沃斯特（Robert Francis Prevost）被選為教宗。他選擇以良十四世（LEO XIV）為名號。

這項宣告令廣場上的群眾大感驚訝，繼而全球震驚地得知，出生、成長於伊利諾州芝加哥的羅伯特·方濟各·普雷沃斯特樞機——一位道地的美國人——被選為聖伯多祿（聖彼得*）的第二百六十六任繼承人，並以良十四世為宗座名號。

不久之後，教宗良十四世走上聖伯多祿大殿的中央陽台，首次頒賜宗座遐福——〈致羅馬城及全世界〉（*Urbi et Orbi*）。他停頓片刻，平息了激動的情緒後，才用義大利語說出了他作為教宗的第一句話：「願你們平安！」（*La pace sia con tutti voi*）

接著，他繼續說道：

親愛的弟兄姊妹們，這是復活基督的第一句問候語，祂是善牧（好牧人），為天主的羊群捨棄性命。我也希望這平安的問候進入你們的心，達

*本書中的聖經相關名詞，在全書首次出現時，皆對照採用天主教與基督新教的通用譯名，以便讀者理解。

至你們的家庭，傳給所有的人，無論他們在何處，以及達至所有民族、整個世界。願你們平安！

這就是復活基督的平安，一種解除武裝的平安，一種使人感到平息、謙卑和堅忍不拔的平安。它來自天主，那無條件地愛我們所有人的天主。*

在〈致羅馬與全世界〉的降福中，這位新任教宗以義大利語、西班牙語與拉丁語發言。但他開場的第一句話，已成為這剛開始的教宗任期的核心：「願你們平安！」

服事聖職數十年後，在六十九歲之年當選教宗的良十四世，帶著對和平的呼籲登上宗座。他曾任司鐸、傳教士、主教、樞機，也是奧斯定會（Augustinian Order）堅貞的成員。他曾在美國、秘魯以及羅馬的傳教區與教區服務。他在秘密會議的第四輪投票中，被教會史上最龐大、最多元化的樞

*良十四世，宗座遐福〈致羅馬城及全世界〉（二〇二五年五月九日）。

機團選為繼任方濟各的教宗，成為第一位出生於美國、來自北美的教宗，也是連續來自美洲的第二位教宗。

在他對和平的呼籲中，教宗良十四世表達了他渴望的不僅是跨越文化、政治、社經與教會分歧的和平，而是真正的和平，也就他所說的，復活基督的平安。

他之所以被秘密會議的樞機們選為教宗，是因為他是一位能通往真正和平的橋梁搭建者，這與教宗的傳統與標誌——搭橋者（*pontifex*）——正相符合。正如弟茂德．杜蘭（Timothy Dolan）樞機在談到他當選教宗時所說的：「我們期待教宗良十四世成為一位搭橋者，這並不令人驚訝。拉丁文中的『教宗』（*pontiff*）一詞，本來的意思就是『搭橋者』。他就是一位搭橋的人。」

這一任教宗要搭建的橋梁，具有更深的意義，因為這個時代更迫切地需要橋梁。他的當選顯然是出於保守、中間與激進派樞機們的共識。他是北美與南美之間的橋梁，也是自教宗方濟各開始的拉丁美洲與教會中心羅馬之間的橋梁。

最重要的是，這位搭建橋梁者，要延續與整合在他之前，第二次梵蒂岡大公會議（一九六二年至一九六五年）後的教宗、教會聖師（特別是聖奧斯定*）以及最早始於教宗良十三世（一八七八年至一九〇三年）本人及其在一九八一年頒布的《新事通諭》（*Rerum Novarum*）中大力推動的天主教社會訓導。

我們正處於新教宗伊始之時。然而，教宗良十四世已以寧靜、沉穩的威信與溫和的堅定，樹立他自己成為不僅是承繼方濟各、本篤十六世與聖若望保祿二世的教宗，更是自首位教宗西滿伯多祿之後，歷任兩百六十六位教宗的繼承人。伯多祿的墳墓就位於現今的伯多祿大殿華蓋之下。

*編注：又譯聖奧古斯丁，天主教的神學家、哲學家、希波（Hippo Regius）的主教。

這本關於我們新聖父的傳記，宛如一幅畫像，細膩描繪了從羅伯特．方濟各．普雷沃斯特到成為教宗良十四世的生命歷程、信仰培育與非凡經歷。這是一段滿溢信德、望德與服事的旅程，而最主要的核心，是一條指向基督及其聖教會的愛之道路。

良十四世的宗座職務，以對復活基督所賜平安的祈禱揭開序幕。在他說下這第一句話後的日子裡，我們看見一位深切關懷教會訓導之宏偉與永恆價值的教宗，而這份訓導，既能夠、也必須，再一次被帶回這個日益失去信仰的世界中。

前言

必將成就更偉大的事

凡有識之士都同意，而我們自己也樂於如此暗示，美國必將成就更偉大的事。然而，我們希望天主教會不僅只是參與，更要能夠協助促成這未來可期的偉大之事。*

以上是教宗良十三世在一九八五年一月，致美國天主教會領袖的《論美國的天主教》（*Longinqua*）通諭中所說。若非天主默感，他當時不可能預

*良十三世，〈論美國的天主教〉通諭（一八九五年一月六日），第十三號。

知，將有一位與他同名的教宗出自那個國家。

許多人原以為這項光榮永遠不會落在美國。至少在可預見的未來，當這個國家仍居於世界強權的地位時，就不可能。羅伯特．巴隆（Robert Barron）主教曾引用已故的芝加哥樞機方濟各．喬治（Francis George）的話指出，只要美國仍是一個超級強權，就絕不會有來自那裡的教宗。因為教會不應被視為政治霸權的工具。

當然，羅伯特．普雷沃斯特樞機被選為教宗良十四世是否意味著美國國勢的衰退，目前尚難斷言。但可以肯定的是，如同教會曾為美國帶來諸多祝福，如今美國也回贈了教會一份禮物。

這份禮物對前教宗良十三世而言，是一個美麗但極為諷刺的實現：

正如你們國家的財富與權勢在過去一個世紀內以驚人的速度增長，我們也看見最初微弱、貧乏的天主教會迅速茁壯，欣欣向榮。如果說，你們國家財富與資源的成長應歸功於美國人民的才智與蓬勃發展的工業，那麼另一方面，天主教會的繁榮首先應該歸功於主教和神職人員的聖德、能力及智慧；但在很大程度上，也歸功於天主教友的信得與慷慨。*

然而，在良十三世與良十四世之間的某個時刻，美國與美國天主教會的命運分道揚鑣。這個國家依然是世界強權，在蘇聯解體後，更成為誰與爭鋒的超級強國；但美國的天主教文化，特別是在東北部與良十四世鍾愛的中西部地區，卻難以跟上這個腳步。

那些在羅伯特．普雷沃斯特成長初期滋養他信仰、促使他回應天主召叫走上司鐸之路的天主教機構，如今幾乎全都不復存在，或已處於似乎無可挽回的衰敗之中。

*良十三世，〈論美國的天主教〉通諭，第五號。

美國天主教的人口比例，在二十世紀前半持續成長，多年來都維持在百分之二十左右，與良十三世的那個時代相近。但令人憂心的是，根據皮尤研究中心（Pew Research）的數據，在五千三百萬自認為天主教徒的人口中，每週固定參與彌撒的人數比例已崩跌至百分之二十四。實際上，這已經算是增加了，因為天主教友固定參加彌撒的人數逐漸回升到疫情前的比例。

尤有甚者，美國的公民與文化生活似乎也逐漸與天主教同步衰退。這個國家的自我肯定感，從人民對制度的信任，到對國家使命與美善的信念，都到了歷史性的低點。因此，難免有些人懷疑，這是否真的應驗了喬治樞機的話：出現一位美國教宗，意味著美國力量的衰退。

如果良十三世今日猶在，他將會指出，這場信心與使命感的危機，與美國天主教會的信心與使命感的危機有直接關連。他在一九八五年寫給美國天主教會的信中說：

道德淪喪，國將不存——我們剛才論及，你們那位卓越的國民（喬治·華盛頓）以其非凡的洞察力與政治遠見，早已察覺並宣告此一真理。然而最完善、堅固的道德支柱乃是宗教……故此，因耶穌基督的旨意與命令而創立的教會，除了是一個合法的團體外，豈不也是為了維護道德與捍衛宗教嗎？*

良十三世進一步指出，教會「恩寵的泉源」也覆蓋了「世俗的事務」。換言之，基督藉著教會所施予的恩典，不只是我們靈性生命與天路歷程的支柱，也是塵世生活的安樂（包括政治的和平與社會的安定）所不可或缺的。

因此，此時正是新的教宗「良」出現的完美時機。今日正如良十三世所處的時代，世界正在經歷巨大的政治、經濟、尤其是科技上的劇變，而美國就站在這個變局的浪頭上。

*良十三世，〈論美國的天主教〉通諭，第四號。

一位出身美國的教宗，會為當今世界帶來什麼？我們尚不得而知。但引用梵二大公會議最喜愛的一句話來說，我們可以解讀時代的徵兆，來試著分辨：天主賜給我們一位美國人——良十四世——作為我們的教宗，對教會與世界的旨意為何？

超越「相對主義的霸權」

世界正在極速的改變。自第二次世界大戰結束以來建立的國際秩序正在轉變為某種全新且未知的型態。將會轉變成什麼型態，以及轉型會帶來多大的動盪，我們尚不得而知。但教宗方濟各已洞燭機先地指出：我們並不是活在一個「轉變的時代」，而是親歷一場「時代的轉變」。

這場以人工智慧為核心的科技革命，對政治與經濟的重塑，不亞於當年蒸汽機所引起的工業革命。但人工智慧的影響將更為深遠：它正徹底改變我們與知識、創造力、工作、人際，甚至自身的關係。

作為人的意義是什麼？人類是否有任何獨特的意義？是否值得再創造更多的人？人類文明本身是否值得保存？人類的創造力、人際間的友誼、人類的工作呢？這些問題在現代與後現代時期，一直不斷地以某些型態被提出，但人工智慧將這些問題的嚴重性提升到生存的層次：它提出了一個最後完全否定人類的真實可能性。

隨著智慧型手機與社群媒體的興起，人類與虛擬世界的聯繫愈深，心靈就變得更加脆弱、更加焦慮、更不信任，也更不快樂。誠如良十四世所言，大眾媒體持續提供與天主教真理不同的觀點，並將其包裝得極具吸引力，更糟的是它還無孔不入，讓人無法閃避。在今日，這些媒體幾乎毫不間歇地觸及到每一個人，包括兒童。

而這一切都發生在天主教會本身正經歷著幾個世代、甚至幾個世紀以來最嚴重分裂的時刻。兩極化的政治潮流橫掃全球，教會也未得倖免。教會在現代世界的定位與應對的方式，是這幾個世代以來一直被討論的議題，近年來變得更加迫切，但也更缺乏信任——無論是教會肢體之間的互信，或對教會當局的信任——有些人甚至開始懷疑：教會是否正面臨分裂或全面崩解的危險？

與此同時，之前教宗本篤十六世所關注的議題，例如他在二〇〇五年所稱的「相對主義的霸權」，如今已不再是一個假說。主流文化不再強調「所有真理都具有平等地位」或「我們無法認識真理」，反而以新的意識形態去指控許多過去被認為是理所當然的真理，例如指責性別的定義或認為家庭對社會的重要性是錯誤的。他們提出一些新的真理來取代，並藉著「取消文化*」以及對言論、思想、行為的嚴厲監控來強制推行。

所以，教會今日要面對的是一個新的現實：新興科技與意識形態有此能

*編注：一種通常在網路上發起的群眾抵制行為，針對發表冒犯言論或行為的個人或企業，使其工作、代言、贊助乃至網路影響力遭到全面「取消」。

力，也必將重塑這個世界。事實上，此時此刻，它們就正在重塑這個世界，而且其速度遠超過以往任何科技或思想革命所帶來的改變。

這就將我們導向良十三世的另一篇巨作。那是他寫下〈論美國的天主教〉通諭之前四年，針對工業革命帶來的劇烈變革所做出的深刻反省——《新事通諭》這篇文獻（或許譯為《論新事物》會更好）為整個天主教的社會訓導奠定了基礎。

新的事物

當選剛滿兩天，教宗良十四世就向剛選出他的樞機團致詞，並解釋他選擇這個名號的原因：

這個選擇有多重原因，但主要是因為教宗良十三世在其歷史性的通諭

《新事》中，於第一次工業革命的背景下，探討了社會問題。在我們這個時代，教會向所有人提供其社會訓導的寶庫，以回應又一次工業革命以及人工智慧領域的發展，這些發展對捍衛人類尊嚴、公義與勞動提出了新的挑戰。*

這番話傳達了一個明確的訊息：為了回應我們這個時代的「新事」（也就是新的事物），這個世界需要一個新的天主教會的見證。教會本身也需要更新其社會訓導。

簡單地說，天主教的社會訓導是將教會寶庫中關於信仰與道德的教導，應用於政治、社會與經濟領域。在許多方面，當這些教導應用於具體的案例時，留有很大的彈性空間，但應用時的「審慎判斷」仍必須基於不可或缺的天主教原則。這些根本原則，例如維護及捍衛人性尊嚴、追求公眾利益等

*教宗良十四世與樞機團會晤講話（二〇二五年五月十日）。

等，是不因時、因地而改變的。

舉例而言，「分配正義原則」（distributive justice）主張，社會的物質資源應得到妥善分配，確保每個人的資源都足以維持具有人性尊嚴的生活所需——包括養育整個家庭，無論天主賜予他們幾個兒女。同時，每個人都有義務依照各自能力，盡可能透過工作（包括家務工作）為社會做出貢獻。「輔助性原則」（subsidiarity）的核心主張是，社會問題應由最適當（通常是最基層）的機構來處理，以確保家庭與地方團體能有自由與自主的空間，按照自己認為適合的方式生活。曾在波蘭人民受蘇聯共產體制壓迫時結出豐碩果實的「團結原則」（solidarity）則主張：我們必須承認彼此之間的相互依存，因此著重在大眾的共同利益，而非個人私利。

梵蒂岡第二次大公會議的《教會在現代世界牧職憲章》（*Gaudium et spes*）對「公益」的定義是：「讓私人及團體可以充分而便利地玉成自身的

社會生活條件的總和。」*這段話乍看之下頗為抽象，但我們可以換個方式來理解：「真正的『公共財』，是能被分享而不會被耗損的事物。」例如，當更多人共享公民社會的和平時，和平並不會被耗損，反而會更加擴散、更加彰顯。

良十三世雖然未在《新事通諭》中完整地定義所有上述理念，但他奠定了基礎，使後繼的教宗能針對各自時代的政治與經濟現實，對教會的社會訓導加以闡明、革新與擴充。這也是為何自良十三世以來的歷任教宗皆撰寫了所謂的「社會通諭」，包括：

- 教宗庇護十一世的《四十週年通諭》（*Quadragesimo Anno*, 1931）
- 教宗聖若望二十三世的《在地上的平安》（*Pacem in Terris*, 1963）
- 教宗聖保祿六世的《人民進展》（*Populorum Progressio*, 1967）

*梵蒂岡第二次大公會議，《教會在現代世界牧職憲章》（一九六五年十二月七日），第廿六號。

- 教宗聖若望保祿二世的《百年通諭》（*Centesimus Annus*, 1991）
- 教宗本篤十六世的《真理中的愛德》（*Caritas in Veritate*, 2009）
- 教宗方濟各的《願祢受讚頌》（*Laudato Si'*, 2015）與《眾位弟兄》（*Fratelli Tutti*, 2020）

現在，教宗良十四世明白地指出：天主教的社會訓導已刻不容緩地需要再次更新與擴充，以回應今日的數位與人工智慧革命。

要真正體現教會的社會訓導，必有一項重要特徵：它絕不會迎合任何當下的世俗意識形態。

在《新事通諭》中，良十三世嚴厲譴責那些剝削工廠勞工的工業資本家，也強烈地批評容許、甚至鼓勵與獎勵這種剝削行為的自由市場經濟體制。但他同時也強力捍衛私有財產制度，並譴責社會主義這種否認財產意義的意識形態。

為了回應當前的世界，天主教社會訓導的革新，不會偏袒任何一個政治人物或團體，也無法用任何單一的形容詞來概括。它不會是「保守的」，也不會是「激進的」。雖然，因為對變革速度的擔憂與對社會傳統的信賴，它幾乎肯定會包含保守主義的元素；但在同時，它也會為了推動強力的改革以改善社會不公狀況，而有激進主義的元素。

有些時事評論家已經開始試圖根據良十四世過去幾年在社群媒體上的幾則貼文，將他描繪成敵視美國總統川普與副總統范斯的形象。這種解讀方式很容易誤解這位教宗，也會誤解教會社會訓導的整體性。天主教社會訓導的革新，必然會觸犯到每一個政治領袖與團體。舉例來說，因為教會堅持人類的生命尊嚴始於受孕之時，直到自然死亡，這就會在某些議題上與左派政治立場衝突，但在其他議題上，又會與右派立場對立。至於面對那些想用人工智慧取代人類的反人文主義科技者，更會是遍地烽火。

那麼，這位新的教宗良，要依據什麼方針來回應當代世界呢？相較於前幾任的教宗，他對天主教社會訓導的措施將有何獨特之處？這個答案很可能就在於他奉獻一生所追隨的聖奧斯定的神學傳統中。

在唯一的天主內合一

我們知道，教宗良十四世從中學一年級開始，便與奧斯定會有關聯，並且熱愛聖奧斯定。這位偉大的教會聖師將他關於基督、教會及其與世界關係的一切信念，都傳達給了這位新教宗。

這點在教宗良十四世牧徽上的主教格言中表露無遺——這句格言來自一篇少為人知的、聖奧斯定對〈聖詠〉（詩篇）第一二八篇的講道集，意思就是「在唯一的天主內，我們合而為一」（*In illo uno unum*）。由此，我們可以看到新教宗對基督徒合一的長久關注，但這份合一，是建立在耶穌基督的天主性（神性）之上。

換句話說，教會對世界危機與教會內部分裂的回應，是重新強調在耶穌基督內、藉著耶穌基督實現的基督徒合一。這種合一並不是要所有人步伐整齊、行動一致、持有完全相同的政治觀點，而是在於「愛」——因為愛天主，而在這份愛之內共融。

這正是奧斯定神學的核心思想體現，也是教宗良十四世牧職的重要指導原則。

在良十四世主教格言出處的同一段講道中，聖奧斯定還寫了這句耐人尋味的話：「儘管我們基督徒人數眾多，但我們在唯一的基督內皆為一體。」換句話說，我們在基督內的合一，並不抹煞我們的多樣性或個體性，反而使其更加圓滿。

雖然沒有證據顯示聖奧斯定曾寫過或說過這句常被歸於他的名言：「在基本事項上要合一，在非基本事項上容許多樣，在一切事上懷著愛心。」但教宗良十四世主教格言出處的講道，與這句話的精神極為相近。

在他早期的講道與公開談話中，良十四世總是將聽眾的注意焦點導向那一位基督。在聖伯多祿大殿中央陽台，他不只是用一句泛泛之詞來祝願眾人和平，而是特別以「復活基督的平安」來祝福。在他的第一次公開講道中，良十四世深刻地反思了耶穌問伯多祿的那個千古難題：「你說我是誰？」

良十四世的回答強調了基督的神聖位格，我們在「這一位」內成為一體。他說，基督不是現在很多人所認為的「具有號召力的領袖或超人」。他進一步指出，甚至許多基督徒也這樣看待耶穌，結果讓他們活在一種「實質上的無神論狀態」中。*

因為，如果耶穌不是「基督，永生天主之子」，如同首任教宗伯多祿所

*良十四世彌撒證道（二〇二五年五月九日）。

承認的那樣，那還有什麼意義？如果基督只是一個特殊的人，那麼基督徒的合一（或任何合一）就毫無基礎。團結、公義與和平也就無從談起，只剩下權力、混亂與紛爭。

良十四世告訴我們，這不是猜測。只要看看周遭就知道：這是事實。

PART

1

芝加哥：巨肩之城

I

在美國的成長背景

「巨肩之城」（the city of big shoulders，意謂肩負重任的城市）是詩人卡爾．桑德堡（Carl Sandburg）讚譽芝加哥的名句，如今，這肩膀托舉起一位基督的代表。

羅伯特．方濟各．普雷沃斯特於一九五五年九月十四日出生在芝加哥南區布隆斯維爾（Bronzeville）的「仁愛醫院」（Mercy Hospital）。正如美國各地許多同名的醫院一樣，這一家也是慈善修女會（Sisters of Mercy）在十九世紀時創立的。

在此之前五十八年，可敬者奧斯定・陶爾頓（Ven. Augustus Talton）就在這間良十四世出生的同一家醫院去世。陶爾頓神父是美國第一位非裔天主教神父，一八五四年生於密蘇里州的一個黑奴家庭。一八六三年，他與家人逃往伊利諾州，在那裡展現出卓越的才智與聖德，因此被送往羅馬的宗座傳信大學（Pontifical Urban University）深造。一八八六年，他在那裡晉鐸，並在聖伯多祿大殿舉行首祭彌撒。

近一個半世紀之後，羅伯特・普雷沃斯特也同樣在這座羅馬天主教的母堂主持彌撒，成為聖伯多祿的第二百六十六任繼承人。而這位與美國非裔天主教傳統有頗深淵源的教宗，也摯愛陶爾頓神父的聖名主保——聖奧斯定。天主的恩典，絕非巧合。

羅伯特是家中三兄弟中的老三，兩位哥哥分別是若望・若瑟・普雷沃斯特（John Joseph Prevost）和路易・馬丁・普雷沃斯特（Louis Martin Prevost），父母是路易斯與米爾德里德（Mildred）・普雷沃斯特。他們住在伊利諾州的多爾頓（Dolton）——這是位於芝加哥南區界線以外的城郊，從這裡到市中心的洛普區（The Loop）比到印第安納州還遠。這棟樸實的科德角式（Cape Cod-style）紅磚屋，地址是212 E 141st Place，位於一個平凡的社區。這裡的房舍原是為當地興盛的工業區的勞工所興建的住宅區。這個區域也是主要的鐵路樞紐，每過幾個路口，就會碰到鐵道。

在良十四世當選教宗時，這棟房子也正在出售，要價十九萬九千九百美元，面積是一千兩百平方英尺。這房子看起來似乎還不到這個面積，前一次上市的資訊甚至僅標示為七百五十平方英尺。無數美國孩童就是在這種小而堅固的家中長大，也許偶爾會在打打鬧鬧時碰撞到牆壁——尤其是像普雷沃斯特家有三個年齡接近的男孩，這種情況就更是難免。但這裡的鄰里之間相處融洽，彼此守望相助。

那是一個天主教信仰氛圍非常濃厚的社區。在那裡，參加彌撒是理所當然之事，社區的教堂不只是在主日，更是平常每一天社區生活的中心。普雷沃斯特一家可以悠閒地從他們在多爾頓的家步行半英里，跨過市區的邊界（和幾條鐵道），來到芝加哥河谷區的聖母升天堂（St. Mary of the Assumption Church）。

教會縮影的教堂

聖母升天堂的故事，就是美國天主教會的故事縮影，尤其是在芝加哥這樣的老城市。

一八八〇年代，芝加哥的城市發展不斷向南延伸。在大約一〇三街與一一五街之間的地段，普爾曼公司（Pullman Company）為其軌道車工廠的員工興建了一個公司園區。但這仍不夠，這個城市持續發展，最後跨越過小卡魯梅特河（Little Calumet River），形成了一個名為「河谷區」的新社區。

河谷區的德裔美國家庭向總教區請願，要求設立他們自己的堂區。一八八六年，愛爾蘭裔的總主教博德．費漢（Patrick Feehan）批准了此一請求。翌年，聖堂落成。那個年代的新興城市，從普羅維登斯（Providence）到匹茲堡（Pittsburgh）都有許多類似的建堂故事。這是勞工階級家庭為了信仰，出錢、出力，在他們自己中間為耶穌建立的家。

根據一九二〇年編輯的芝加哥教區史，這個小小的堂區起初是由本篤會（Benedictines）負責牧靈，直到二十世紀初，才由總教區接管。隨著芝加哥及其近郊的持續擴張，該堂區於一九一七年興建了一座宏偉的教堂與學校綜合建築。現在這棟建築雖已廢棄，但仍屹立在城市一隅，距離芝加哥市的邊界不過幾英尺。

堂區學校最初由「耶穌基督貧苦婢女會」（Poor Handmaids of Jesus Christ）的修女們負責，後來改由「基督仁愛修女會」（Sisters of Christian Charity）接手。這也是那個年代典型的美國教會縮影：一所教友創建的模範天主教學校，任教的是以教學為使命的修女。

芝加哥繼續不斷地發展。儘管一般來說，多爾頓與芝加哥最南邊的地帶從未真正脫離密集的工業區型態，但在二戰後的郊區化浪潮中，它們也漸漸轉變成市郊住宅區了。聖母升天堂的原建築再次顯得老舊，於是堂區在賽萊頓大道（S Leyden Avenue）與一三八東街的交叉口興建了一座獨立的新教堂。該堂於一九五七年，也就是在羅伯特·普雷沃斯特——未來的教宗良十四世——出生後兩年，順利落成。

如同許多居住在多爾頓、河谷區，乃至全美各地的天主教男童一樣，羅伯特曾經擔任過輔祭，也參加過聖詠團（唱詩班）。但他不是被父母逼去的，這位家中的么兒，從小就顯露出對家庭的信仰和神父的事情有濃厚的興趣。他在教堂裡非常虔敬，回到家喜歡玩「做彌撒」的遊戲，他從小對禮儀的那份熱愛，至今依然可以在他身上清楚地看見。

事實上，他的哥哥們早已看出，他將來會成為神父。他的哥哥路易對《人物雜誌》（*People magazine*）說：「我們鄰居玩伴中，除了羅伯特，沒有其他人會去扮成神父。我們爸媽總是鼓勵他在這方面的願望。」他在CBS的新聞訪談中補充說：「從羅伯特很小的時候，我們家就知道他與眾不同……那時我還在玩小男生的遊戲，你知道，就是打棒球、官兵抓強盜、捉迷藏、一二三木頭人……等等，但羅伯特喜歡扮演神父。」

當小羅伯特扮演神父時，他會拿著圓餅乾，在燙衣板上假裝進行彌撒。鄰居們也都相信他將來會成為神父，甚至開玩笑說「小羅伯特有一天會成為教宗」。但他也是個好動、愛打棒球的男生，他瘋球賽，結果成了芝加哥白襪隊（Chicago White Sox）的忠實終身球迷。

然而，聖母升天堂卻來不及見到她的子民後來卓越的成就。隨著郊區住宅化的不斷蔓延，堂區教友逐漸分散，社會環境的變遷，使得以往關係緊密的天主教社群不復存在。況且在日益物質化與世俗化的社會中，熱心教會的天主教友也少了許多。

羅伯特少年時也親身經歷了梵蒂岡第二次大公會議（一九六二年至一九六五年）的革新，他所在堂區的禮儀形式和宗教藝術都發生了翻天覆地的變化。然而，由於教宗聖保祿六世的彌撒改革（如今被稱為「新禮彌撒」或「常規彌撒」）直到一九六九年才正式頒布，他不可能是在小學階段經歷這個劇變，應該是在他中學時期、進入小修院時才遇上的。

未來的教宗良十四世在小學畢業後不到二十年間，他本鄉的堂區已步入衰微。後來，這個堂區與其他幾個堂區合併，在二〇一一年慶祝了最後一台彌撒。今日，這座一九五七年建立的教堂已經荒廢，孤立在一片野草叢生的空地上。

大熔爐

話雖如此，在一九五〇與一九六〇年代，路易斯與米爾德里德．普雷沃斯特夫婦教養他們的三個兒子時，天主教會和堂區教堂是他們日常生活環境的中心。當時若有人說，聖母升天堂有一天會空無一人地孤立在荒煙蔓草中，定會被人譏為無稽之談。

普雷沃斯特一家本身就是美國社會的一個縮影。他們具有法國、西班牙、義大利與克里奧爾（Creole）黑人的血統。因此，我們可以說，良十四世從出生開始就植根美國，也植根國際。在那個年代，普雷沃斯特一家對天主教的堅定信仰，只是司空見慣之事。

一九二〇年，路易斯・馬里烏斯・普雷沃斯特（Louis Marius Prevost）生於芝加哥，父親薩爾瓦托雷・喬凡尼・蓋塔諾・里吉塔諾（Salvatore Giovanni Gaetano Riggitano，後改名為若望・里吉塔諾・普雷沃斯特）是西西里人，母親蘇珊・方丹（Suzanne Fontaine）出生於法國北部的城市勒哈弗（Le Havre）。他們有兩個兒子，長子是若望・森提（John Centi），次子是路易斯・馬里烏斯。蘇珊後來加入加爾默羅第三會（Third Order Carmelite）。這個家族的姓氏，在法語發音應為「布雷瓦」（pray-voh），但到了芝加哥，他們發音為「普雷沃斯特」（pree-vohst），至今仍然保持如此的叫法。

第二次世界大戰期間，路易斯在美國海軍服役。根據美國國防部的資料：「他在一九四三年十一月獲授軍階，任坦克登陸艦副艦長。他曾參與一九四四年六月六日盟軍在法國諾曼第登陸的「霸王行動」（Operation Overlord）。他亦曾擔任一艘步兵登陸艇艇長。戰時，盟國使用該類艦艇運送步兵及海軍陸戰隊搶灘登陸。」他後來被派往法國南部，參與一九四四年的「龍騎兵行動」（Operation Anvil-Dragoon）。「至一九四五年五月八日歐洲戰事終結前，普雷沃斯特在海外服役達十五個月，晉升至海軍中尉。」*

整整八十年後，他的兒子當選為教宗。

戰後，路易斯與他的妻子一樣，回應了天主的召叫，獻身教育工作。他在芝加哥南區的幾所公立學校，以及郊區的芝加哥海茨市的加默山小學（Mount Carmel Elementary School）擔任行政管理職務。他活躍於當地的禮儀服務與慈善社團，以及教理研究協會（Confraternity of Christian Doctrine，簡稱CCD）——也就是擔任主日學老師。他於一九九七年去世，當時他居住在老家多爾頓以南幾個郊區外的霍姆伍德市（Homewood），

路易斯於一九四九年一月二十五日與米爾德里德．雅妮．馬丁尼茲（Mildred Agnes Martinez）結婚。米爾德里德是若瑟．馬丁尼茲（Joseph

* David Vergun, "Pope Leo XIV's Father Served in the Navy during World War II"，美國國防部網頁，二〇二五年五月九日、十九日登入，網址：https://pse.is/7w8db7.

Martinez）與路易絲・巴基耶（Louise Baquie）的女兒。若瑟出生於伊斯帕尼奧拉島（Hispaniola）——有些文件顯示他來自海地，另一些則說是多明尼加共和國；而路易絲則是克里奧爾的黑人後裔。克里奧爾的黑人是路易斯安那的法裔、加勒比人（黑人與西班牙裔）以及非裔美國人的混血後代。

米爾德里德於一九一一年生於芝加哥，但她的家族根源於紐奧良州的第七區，該地區位於紐奧良州的法語區北邊。《紐約時報》（*New York Times*）稱那裡是「傳統天主教地區，也是一個融合了非裔、加勒比人與歐洲人的大熔爐*」。

馬丁尼茲家族虔誠篤信天主教，米爾德里德的兩位姊妹都是修女。一九二九年，她從聖母無染原罪中學（Immaculata High School）畢業後，就進入芝加哥遺使會（Vincentian）的德保祿大學（DePaul University）進修，獲得圖書館學位。那個年代，女性讀大學仍是少數。

* Richard Fausset and Robert Chiarito, "New Pope Has Creole Roots in New Orleans,"《紐約時報》網頁，二〇二五年五月十日、十九日登入，網址：https://pse.is/7w8dnq

米爾德里德在附近的曼德爾高中（Mendel High School）擔任圖書館員，並且經常出現在聖母升天堂：她每天參加彌撒、擔任各種義工職務、縫製神父祭披、募款，並在聖詠團唱歌。事實上，《紐約時報》報導說，米爾德里德——朋友們稱她為「米莉」——是一位「善歌者」，經常演唱舒伯特的名曲〈聖母頌〉（Ave Maria）。*

普雷沃斯特一家無疑是堂區的「元老家庭」之一，尤其是米爾德里德。她從不缺席彌撒，不遺餘力地支助教會所需，並常在家親自下廚接待神父，讓神父們感到賓至如歸。秘魯的丘盧卡納斯（Chulucanas）教區主教達尼爾·特利（Daniel Turley）對《紐約時報》說：「她就是那種當你與她第一次見面時，就會讓你感受到天主臨在的人。」教宗良十四世曾於八〇年代在該教區服務。

米爾德里德於一九九〇年因癌症去世。

* Julie Bosman, "The Mother Whose Catholic Faith Inspired the Future Pope,"《紐約時報》網頁，二〇二五年五月十一日、十九日登入，網址：https://pse.is/7w8dve

大湖邊的奧斯定會

一八八五年，多爾．尤金．斐爾特（Dorr Eugene Felt）發明了一種最早的計算機，後被稱為「機械計算器」。斐爾特沒有預期到的是，近一個世紀之後，這項發明帶給他的財富，竟然影響到另一位同樣對數學有濃厚興趣的人——羅伯特．方濟各．普雷沃斯特。

斐爾特與他的妻子雅妮，後來在密西根州霍蘭市郊外的密西根湖畔，建造了一座宏偉的大廈。但在一九二八年完工後，這對夫婦幾乎沒有真正在此住過。搬進這豪宅後僅六個星期，雅妮就過世了，一年半後，斐爾特相繼去世。繼承遺產的四個女兒對此豪宅興趣乏然，最後將它賣給了在芝加哥的奧斯定會的善導之母會省（Province of Our Mother of Good Counsel）。

這棟斐爾特大樓及其周圍的漂亮土地，後來成為聖奧斯定小修院中學的校舍。這個學校剛開始時是寄宿學校（後來也接受通學生），讓有志加入奧斯定會的天主教男性在此接受中學教育及分辨聖召。一九六九年，未來的教宗良十四世在這裡開始他的高中學業——同年，教宗聖保祿六世頒布了彌撒改革的諭令。

在聖奧斯定中學，良十四世在各方面都表現出色，包括他主編的校刊獲得全國比賽第二名。一九七二年十月九日《霍蘭晚報》（*Holland Evening Sentinel*）以〈羅伯特·普雷沃斯特獲獎〉為標題，刊登了以下報導：

> 聖奧斯定小修院中學高三學生，羅伯特·普雷沃斯特因在一九七一年的〈學術能力傾向測驗暨全國優秀獎學金甄選〉中表現優異，獲校長奧斯定會士，若望·派克神父（Rev. John Peck, OSA）頒贈獎狀。
>
> 他是伊利諾州多爾頓市的路易斯·普雷沃斯特夫婦的兒子。

普雷沃斯特在校一直名列榮譽榜。他參與多項課外活動並擔任要職，包括年度校刊總編輯、全國榮譽學會成員、學生會副會長及前任幹事、圖書俱樂部前任會長、福傳社團成員、蘭辛市學生會參議，以及高中三年級班長。

他計畫繼續在奧斯定會的修院接受神職陶成，目前他希望在大學主修數學或心理學。

最後他選擇了數學。後來，良十四世在費城郊外的維拉諾瓦大學（Villanova University）接受奧斯定會的陶成。該大學以奧斯定會的聖人聖多瑪斯．維拉諾瓦（St. Thomas of Villanova）命名，良十四世的胸前十字架就鑲有這位聖人的聖髑。根據《紐約郵報》（*New York Post*）報導，良十四世在該校就讀期間，與其他學生創辦了該大學的第一個「維護生命權」社團，據信這是在一九七三年〈羅訴韋德案〉（Roe v. Wade）後的覺醒浪潮中，美國的第一個反墮胎團體。

當時學運風起雲湧，學生抗議越戰並試圖推翻他們認為是保守與限制自由的校規，但良十四世似乎沒被捲入這場政治與文化的鬥爭。有趣的是，《費城詢問報》（*Philadelphia Inquirer*）報導了良十四世不是那麼嚴肅的一面：他曾在一九七六年的萬聖節派對，裝扮成喜劇演員格魯喬・馬克思（Groucho Marx）。*

但很明顯地，在大學期間，他仍一心想要服事教會。從奧斯定會的小修院畢業後，他進入維拉諾瓦大學，成為保守期（pre-novitiate）修生。沒有任何跡象顯示，從十四歲以後，他曾偏離過他所選擇的（或更準確地說，他所蒙召的）奧斯定會神父之路。

良十四世曾在距離費城富裕的「幹線」地帶幾個鎮外的聖丹尼斯堂（St.

* Max Marin et al., "Inside Villanova in the 1970s, When the Future Peope Leo XIV Arrived on Campus,"《費城詢問報》網頁，二〇二五年五月十日、十九日登入，網址：https://pse.is/7w8e3w

Denis Church）服務，擔任照管墓園的園丁。「卑微」與「謙遜」這類詞彙常被人們濫用，例如用來炫耀某些工作表現，而非用來形容那些低調、堅守職責的人。其實，卑微（humble）與謙遜（humility）這兩個字都源自拉丁文*humus*，意思是「泥土」或「土地」。因此，藉著照顧安葬亡者的土地來彰顯對不朽靈魂的尊重，幾乎可說是「謙卑」一詞的最佳詮釋。

事實上，在他往返維拉諾瓦大學與聖丹尼斯堂的途中，必須經過全球聞名、只限貴賓會員進入的梅里恩高爾夫俱樂部（Merion Golf Club）。然而，他從未嚮往過世俗的榮華富貴。反之，大學一畢業，羅伯特・普雷沃斯特就立即進入密蘇里州聖路易市的善導之母會省，成為奧斯定會的初學生。

2

衰退的見證者

第一位來自美國的教宗，本身就是一位傳教士，這是一件美談，因為最早就是傳教士在這國度播下了福音的種子。

那年十二月，天氣酷寒，耶穌會傳教士雅克・馬凱特神父（Fr. Jacques Marquette）沿著密西根湖西岸步履維艱地跋涉南下。他曾向伊利諾河谷的卡斯卡斯基亞部落（Kaskaskia）的印第安人保證，他會再度造訪，但天氣惡劣，他的健康也每況愈下。馬凱特神父時年僅三十七歲，然而在北美與加拿大荒野中的長年傳教生活，嚴重地侵蝕了他的健康。

不久後，他和隨行的傳教夥伴們都知道，他們可能無法履行對印第安人的承諾了——至少得等到過了這個冬天之後。於是他們在伊利諾聯盟（Illinois Confederation）的土地上，兩條平行的河流之間，建了一座小木屋。法國人稱這兩條河為平原河與芝加哥河。「芝加哥」是法語腔模仿當地原住民對野蒜這種根莖植物的稱呼。

這就是歐洲人在今日芝加哥地區定居的最早證據。

馬凱特神父最終如願抵達卡斯卡斯基亞部落，但在返回密西根湖對岸的途中過世，因為他的痢疾一直沒有痊癒，體力日漸衰退，再加上旅途勞頓，使他更形孱弱。他的遺骸如今安葬在他所創建的城鎮——位於密西根上半島，麥基諾水道北岸的聖伊尼亞斯鎮（St. Ignace）。這個地名是源自耶穌會的會祖，聖依納爵・羅耀拉（St. Ignatius of Loyola）之名。

芝加哥的地理位置十分重要，因為它位於五大湖與密西西比河水系最接近的地點。探險家、商人與傳教士只需步行幾英里，就能經由陸路將船隻運送到五大湖或美洲大陸最大的河流渠道網，以繼續他們的行程。

地理位置的優勢造成了芝加哥快速的蓬勃發展。根據《天主教百科全書》（*Catholic Encyclopedia*），當地第一座天主教堂建於一八八三年，位於湖街（Lake Street），是一棟長、寬二十五英尺及三十五英尺的木造建築，造價約四百美元。十一年後，羅馬教廷在一八八四年將芝加哥升格為教區，與第一個跨越阿帕拉契山脈的聖路易教區相連。一八八〇年，芝加哥教區升格為總教區，博德．費翰任總主教。這位總主教在一八八六年批准在河谷區建立聖母升天堂。

這一切顯示了芝加哥及其天主教社區十分驚人的成長速度。在短短的五十年間，這座城市從搭建第一座簡陋的木造教堂開始，發展到成為一個重要的總教區，在市中心半徑十五英里內的人口密集區，建立起一座又一座的堂區。

然而，一個世紀後，天主教會開始衰退。到了二十世紀末，芝加哥總教區開始進行合併或關閉市區及郊區的某些堂區——才不過幾代之前，這些地區曾經從傳教區演變為天主教信仰蓬勃發展的熱點。這類故事，對西方世界（尤其是在美國東北部與中西部那些曾經走在福傳最前端的城市，例如聖路易、波士頓與巴爾的摩等地）的天主教友而言，並不陌生。

教宗良十四世經歷了這段從成長與繁榮轉為衰退與枯竭的歷史。我們可以看到，這一切都刻劃在他信仰成長的軌跡上。

衰退與崩塌

一九五〇年代中期，位於芝加哥河谷區的聖母升天堂成長迅速，以致需要一個新的大教堂，以容納越來越多的信友，並留給學校建築的空間。一代之後，到了一九八〇年代，它已進入終結的衰退。

二〇一一年，這個堂區關閉後，就完全被世人遺忘，直到二〇二五年五月八日，它又突然變成全球矚目的焦點。

這樣的故事為全美的天主教徒而言並不陌生，尤其是在那些曾因工業興盛而吸引大量天主教移民定居的城鎮。在河谷區，最早的移民是一八八〇年代來自德國的天主教徒。到了一九五〇年代，郊區化的潮流帶來了新一波移民，湧入芝加哥的外圍地區。

那個年代，天主教文化似乎已穩如泰山地紮根在民間。一般家庭的孩子比現代多，也都進入天主教學校，通常學校距離家很近，走路就可到，因為那時堂區是真正的社區生活中心。社區的商家在週五當守小齋的日子，只賣魚類食品，平時營運也都配合禮儀年的瞻禮日規定。人們理所當然地接受天主教信仰及其生活習慣、禮儀與觀念，堂區不只是為了用來舉行彌撒，更是社區生活的中心，也是教育、社交與慈善工作的場所。

然而，好景不長，甚至未能撐過一代人。羅伯特．普雷沃斯特在擔任堂區輔祭與聖詠團員時，一切似乎都還很好。但到一九八二年他晉鐸的時候，堂區已漸趨式微，一去不返。

這其中有多重成因，社會、政治、經濟、地理與文化變遷的影響，不亞於教會本身的因素。在此變動期間召開的梵蒂岡第二次大公會議所帶來的震撼，與這些因素錯綜交雜，難以釐清。對一般教友而言，從教育到管理、從禮儀到牧靈的全面變革，是清新可喜的；但另一些人卻對這些改變感到失望與不安。

誠如強納森．里德爾（Jonathan Liedl）在《全美天主教紀事報》（*National Catholic Register*）發表的〈走訪教宗良十四世的芝加哥：南區如何塑造了首位美籍教宗〉一文所言：「隨著該地區人口結構的變動，原本的白人天主教徒陸續遷移到更遠的郊區。原本支撐芝加哥南區眾多天主教堂區的龐大信徒基礎鬆動，成員銳減，財務困境不斷惡化。教宗良十四世童年時期的堂區——聖母升天堂，這間昔日車水馬龍的天主教活動中心，如今殘垣敗壁，滿目瘡痍。屋頂破洞露天，聖堂四壁塗鴉。」*

然而更重要的是，在美國，尤其是在多爾頓與河谷區這類地區，這似乎發生在一夕之間的轉變，是教宗良十四世親眼所見。教會對世界的主張不再被人討論，甚至被人嗤之以鼻。天主教文化逐漸瓦解，或僅以一種文化的型態存在，而其信仰的核心卻蕩然無存。套用奧斯定會士，教宗良十四世的話來說，當這位耶穌基督被擱置一旁，無可避免地將導致「實質上的無神論狀態」。

* Jonathan Liedl,〈走訪教宗良十四世的芝加哥：南區如何塑造了首位美籍教宗〉，《全美天主教紀事報》網頁，二〇二五年五月十二日、十九日登入，網址：https://pse.is/7w8f4w

基督就是答案

良十四世就讀的，位於密西根湖東岸的聖奧斯定小修院，也遭到同樣衰微的命運。這所中學的宗旨是在培育有志於聖召的青年，奠定他們未來神父陶成的基礎，同時也提供完整的普通教育。該校於一九四九年購得建校用地。良十四世於一九六九年至一九七三年在此就讀。學校於一九七七年完全關閉。之後的十四年，斐爾特大樓是密西根州矯正署所在。如今，這裡成為一座公園。

為何中學年紀的男生不再將高中視為分辨聖召的時期，考慮進入類似修院環境的學校呢？或許更重要的是，為什麼家長不再鼓勵自己的兒子考慮這個選項？為什麼羅伯特・普雷沃斯特所作的選擇，以及他父母給予的鼓勵變得如此罕見，以致許多天主教生活與信仰陶成中心被迫關門？

這些正是數十年來教會（尤其是在美國的教會）一直努力想要回應的問題。對教宗良十四世而言，這些是他的親身體驗。

若將這些機構以及支持它們的天主教精神的崩解，歸咎於梵蒂岡第二次大公會議或其實施的方式與接受的程度，未免太過草率。顯然，良十四世並不認同這種觀點。他在首次與樞機團會晤，論及大公會議時說：

> 在此，我願我們今日共同更新我們對普世教會自第二次梵蒂岡大公會議以來所走之道路的全面承諾。教宗方濟各在〈福音的喜樂〉（Evangelii Gaudium）宗座勸諭中，以卓越且具體的方式闡述了這一點，我願在此強調其中幾個基本要點：
>
> - 宣講中重申基督的首位。

- 整個基督徒團體的傳教轉化。
- 共議性與合議性的成長。
- 對信仰感知（sensus fidei）的重視。
- 特別是在其最真實且包容的形式中，如民間虔敬。
- 對最小者和被排斥者的愛護。
- 與當代世界各個層面和現實進行勇敢且信任的對話。

這些是福音的原則，一直以來啟發並指引著天主家庭的生活與行動。在這些價值中，父的慈悲面容已被揭示，並持續在祂成為肉身的子中顯現，成為所有真誠尋求真理、公義、和平與兄弟情誼之人的最終希望。＊

這並非激進的變革主張，而是自信地宣示：教會在梵二光照下，具備面

＊教宗良十四世與樞機團會晤講話（二〇二五年五月十日）。

對挑戰所需的資源。良十四世以特殊的方式，將他及我們的目光導向天主子（神子）耶穌基督，因為沒有祂，就沒有真正的希望與進步。因此，這是他已經一直在做的。

二〇二三年，良十四世被教宗方濟各擢升為樞機後不久，在接受奧斯定會的訪問時，談及這些問題——他的答案始終回到基督本身。

首先，我們最急需要做的，不是去尋找聖召。我們的首要任務是活出喜訊、活出福音，分享當我們真正認識到耶穌基督是誰時，在內心與生命中所燃起的熱火。當我們一直與基督同行，彼此共融，在與主建立的友誼中，體會到自己所得到的恩寵有多麼大時，自然會有聖召來到。*

換言之，我們面臨的挑戰並非技術性或策略性的：教會不需要更擅長使用社交媒體，也不需要聘請顧問來設計鼓勵青年追求聖召的方案。只要我們活出愛基督的生命見證，從而將基督的愛映照在他人身上，這樣就會吸引他

*節錄自Ricardo Morales Jiménez, “Cardinal Prevost’s Warning in the Face of Polarization,” LaCroix網頁，二〇二五年五月十日、十九日登入，網址：https://pse.is/7w8f9n

人來歸向祂。如此才能使人萌生追隨天主聖召的意願，以神父或度獻身生活的特別方式來與祂同行。

全心投入，或全盤皆輸

從教宗良十四世在美國天主教環境下成長的經驗，我們可以看到整個美國教會歷史的縮影。

我們看到教會早年的興盛與自信，雖然當時世俗主義與物質主義的誘惑已初步顯現，但沒人會想到教會將要沒落。接著是過渡時期，雖然敗相已顯，例如聖奧斯定小修院在一九七七年關閉，但許多人認為應對的方式是讓教會變得更相似這個世界，而不是讓教會更拒絕被世俗同化。

最後，曾經維持無數信友與教會團體的信仰基礎，徹底瓦解。

這並不是說美國各地的教會都處於同樣危急的情況。美國天主教人口的比例大致保持穩定，很大程度上要歸功於來自天主教文化背景，尤其是拉丁美洲的移民。美國現在有一些教會穩定成長的地區，未曾經歷過東北部和中西部由盛而衰的過程，堂區仍然快速成長，甚至有「人滿為患」之憂。

然而，我們難免擔心：這些地方是否會重蹈芝加哥聖母升天堂的覆轍？興旺了一段時期之後，是否也會因著移民型態的改變、新世代的流失加劇，使成長停滯，最後走向衰微？初步的數據並不樂觀：在美國，天主教移民的第二代參與彌撒的比率，明顯低於他們父母那一代人。舉例來說，達拉斯郊區林立的堂區，是否在幾十年內就會現出蒼老之態？

這就是為什麼良十四世在芝加哥天主教背景下成長所看見的問題，不只是供人研究探討的報告，而是在教宗的出生國以及全世界都需要分辨的重要議題：教會應如何回應當前的處境？在上述的同一場奧斯定會的訪談中，當時的普雷沃斯特樞機如此描述這個挑戰：

兩千年來，教會的使命不變，就是耶穌基督說的：「你們要去使萬民成為門徒，因父及子及聖神之名給他們授洗，教訓他們遵守我所吩咐你們的一切。」（瑪竇／馬太福音28:19）我們必須宣講天主國的福音，同時也要體認教會的普世性……

世界各地有許多不同的文化、語言與環境，教會皆需回應。因此當我們權衡事情的輕重緩急，並考量我們面對的挑戰時，必須意識到：無論在義大利、西班牙、美國、秘魯、中國，或任何其他地方的迫切問題，都不可能完全相同，只有基督要求我們去傳揚福音的這個終極挑戰，在任何地方都是一樣的。

這項使命在任何地方都是一樣的。我們再次回到良十四世的聖奧斯定座右銘：**在唯一的天主內，我們合而為一**。唯有當我們與耶穌基督相遇——祂不是一位有魅力的世俗領袖，而是天主子——我們才能找到共同的目標。基督的奧體使我們在邁向天鄉的旅途中，挽著手臂，互相扶持，同道偕行。

從最後這一點來看，當一個天主教團體與文化瓦解時，真正缺失的就是這個堅定的信念——**我們在基督內是一體的**。我們必須放下其他優先事項，各盡所能、各依所適，在上主的葡萄園中同心努力，達成合一。如果我們重視世俗的名聲、安全或財富，甚於與耶穌同在，那麼我們就不會合而為一，而我們所珍惜的一切，堂區、學校、團體，都會分崩離析，**因為我們認為其他事物更重要**。

我們可以說，當初建立芝加哥這個城市的人，他們堅信沒有任何事物比基督更重要，因此致力要將基督帶給那些尚未認識祂的人。良十四世正確地指出：這個城市的天主教文化之所以瓦解，是因為人們失去了對耶穌的熱忱，終至失去了彼此。

這是奧斯定神學深邃的洞察。教宗良十四世因著奧斯定會，在教會中成長，達致完美的成熟。

3

奧斯定之子

在費城一座今日被稱為「舊聖奧斯定教堂」（Olde St. Augustine）的牆上，鐫刻著幾段充滿抗爭意味的詞句：「一七九八年建立，一八四四年被毀，一八四七年重建，一八四八年獻堂。」

教宗良十四世當選前一百八十一年的某個春日，費城的群眾躁動不安。五天前，有一群本土主義者，聚眾抗議移民社區在這個城市的發展。但是這個喧囂的聚會，被示威遊行的愛爾蘭天主教徒打斷。五月六日，本土主義者與愛爾蘭移民在城市各處街頭爆發衝突。

美國的本土主義派（後來發展成「一無所知黨」〔Know Nothing Party〕）對所有移民都充滿敵意，但他們對愛爾蘭天主教徒尤為憎恨，特別是對教宗，更是恨之入骨。在一八四四年五月的暴亂中，本土派死命地恐嚇費城市民，說教宗密謀接管美國，他們散發傳單，稱之為「教宗血腥的手」。

這一切事故的起因，源於《聖經》譯本的問題。當時費城的公立學校僅允許閱讀與使用《欽定本聖經》（*King James Version*）教學。

時至一八四二年，天主教教區已發展到相當規模與實力。從一八四二年至一八五一年間在費城擔任主教，本籍愛爾蘭的方濟・肯里克（Francis Kenrick）開始提出異議：為何天主教學生不能使用天主教會核准的《杜埃—蘭斯聖經譯本》（*Douay-Rheims Bible*）作教材，而要被迫使用基督新教的《欽定本聖經》？

一位天主教的民選代表主張，在爭議未決之前，應暫時停止在校內讀經，雙方對立的局勢開始升溫。到了五月八日，本土派鎖定了幾個天主教建築作為攻擊目標，而且有備而來。首先被毀的是聖彌額爾堂（St. Michael's）。這座教堂重建後，如今仍矗立在被稱為「肯辛頓舊區」的傑佛遜街與第二街的交叉口。原來距離此處僅兩條街外的仁愛修女會（Sisters of Charity）修院，現在已是商業區了。

暴民隨後朝南移動約一英里，找到了下一個目標：位於市中心附近的聖奧斯定堂，這是奧斯定會在美國創建的第一個堂區。市政府出資雇用的武裝警衛與市長本人都在現場應變，但仍無法阻擋暴民。他們向防守者（包括市長）投擲石塊，最後焚毀了教堂。

當然，對本土主義派而言，一百八十一年後發生的事，將是他們最大的夢魘：一位出身美國的教宗，而且還是奧斯定會士的教宗。

永遠的奧斯定會士

在過去五十五年間，教宗良十四世全心奉獻於奧斯定會，並致力於其靈修傳統。因此，在他當選教宗後首次出現在聖伯多祿大殿的陽台上時，他宣告：「我是聖奧斯定之子，一位奧斯定會士。」

這句話回響著他多年來多次表達過的心聲。二〇二四年，時任樞機的普雷沃斯特回到伊利諾州，在聖猶達天主堂（St. Jude Catholic Church）發表演說時，也以類似的話開場：

「我是奧斯定會士……我個人對奧斯定會、聖奧斯定本人，他的哲學、神學、思想與人性，都懷著極大的感恩之情。他對天主聖言的深切熱愛，對真理、對自我、對天主不懈的追尋，以及他在共融與團體生活上的教導，都在我的生命中留下深深的烙印。」*

*Matthew Becklo, "Pope Leo XIV: 'A Son of St. Augustine,'"《全美天主教紀事報》網頁，二〇二五年五月十日、十九日登入，網址：https://pse.is/7w8feq

毫無疑問的是，從童年開始，奧斯定會就是教宗良十四世生命的一部分。在他的陶成期間，奧斯定會，包括長期在芝加哥南區服務的神父，都對他有深刻的影響。據說，因為這位青年對信仰如此熱忱，當地許多修會都想招收他。但對良十四世而言，他的心中始終只有奧斯定。

羅伯特．普雷沃斯特回應了神父聖召，並加入奧斯定會。在完成了奧斯定會的高中與大學教育，隨即加入奧斯定會美國中西部會省，開始他的初學期。該會省以奧斯定會優良傳統特別敬禮的「善導之母」為名。為此，這位二十一歲的青年來到聖路易市的聖母無染原罪堂（Immaculate Conception Church）接受培育。這座宏偉的哥德式建築，氣勢足以媲美主教座堂（它與聖路易主教座堂是同一家建築公司所建）。然而，如同許多培育過教宗良十四世信仰的天主教機構，這座教堂如今也已荒廢了。

羅伯特．普雷沃斯特在聖路易度過了一年。在當地堂區教友的記憶中，他是一位虔誠、溫和、深具默觀精神的人。一位當年的朋友告訴《聖路易郵報》（*St. Louis Post-Dispatch*）說：「他是個鋒頭人物。那時候你就可以看得出來，他將來一定會成就非凡。」但是，「他只是像我們一樣的美國年輕小伙子。絲毫沒有傲氣。」*

初學一年又一天後，一九七八年九月二日，羅伯特·普雷沃斯特在他芝加哥的家鄉，奧斯定會省的主堂，卡夏的聖利達堂（St. Rita of Cascia）發了入會的初願。兩年多之後，他發了顯願（Solemn vows）。在此期間，他在芝加哥南區，海德公園附近的天主教神學聯盟（Catholic Theological Union）攻讀神學碩士學位，同時也在聖利達中學教授物理及數學課程，發揮他在維拉諾瓦大學修習數學學位的長才。他在一九八一年八月二十九日發顯願。

由於他展現出極佳的學術潛能，修會派遣羅伯特·普雷沃斯特前往羅馬深造，就讀於宗座聖多瑪斯大學（Pontifical University of St. Thomas

* "Pope Leo XIV Started His Papal Journey in St. Louis,"《聖路易郵報》網頁，二〇二五年五月八日、十九日登入，網址：https://pse.is/7w8fkh

Aquinas）。這所大學也被人稱為「天使大學」，因為聖多瑪斯有「天使聖師」的美譽。奧斯定會要他在這裡接受道明會（Dominicans）的教導，學習教會法。他獲得教會法碩士（licentiate in canon law，即教律學師）學位後，得以繼續攻讀博士學位。

他於一九八七年完成教會法博士論文，並通過口試。他的論文題目是〈奧斯定會地方會院院長的職責與權限〉，著重在討論奧斯定會的地方會院院長的角色，顯示出他對修會生活與領導統御的深切關注。

一九八二年六月十九日，他在羅馬的聖莫尼加奧斯定會學院（Augustinian College of St. Monica），由若望．雅多（Jean Jadot）總主教為他晉鐸。雅多總主教曾任聖座駐美國的宗座代表，當時是非基督徒秘書處（Secretariat for Non-Christians）的代理主席。該處後來改為聖座宗教交談委員會（Pontifical Council for Interreligious Dialogue），現為宗教交談部（Dicastery for

Interreligious Dialogue）。

三年後，在完成教會法碩士並開始攻讀博士學位之際，他接到第一項傳教任務，被派遣到秘魯北部。

一九八七年，年僅三十一歲的普雷沃斯特被調回芝加哥，擔任該會省的聖召與傳教事務主任，顯示出奧斯定會的領導階層對他的高度肯定。在秘魯服務了十年後，他於一九九八年當選為省會長。任職三年後，他再次被擢升，出任奧斯定會總會長。

修會生活準則

奧斯定會的起源可追溯至這位偉大的聖人與教會聖師——公元第五世紀的希波主教，史上最傑出的作家與思想家之一。至於是否奧斯定本人創建了這個修會，並要求他的同伴要共同遵守某種生活準則，歷來眾說紛紜。不過可以確定的是，十三世紀時，有幾個在現在義大利北部地區的隱修士團體，確實是以《聖奧斯定會規》（*Rule of St. Augustine*）作為生活規範。這套會規強調在基督內的合一：

- 親愛的弟兄們，最重要的是愛天主、愛近人，這是主賜給我們的兩條最重要的誡命。（第一條）
- 你們聚在一起的主要目的是要同心合意地共同生活，專注於天主。（第三條）
- 因此，你們大家應當同心合意地生活，互相尊重你們自己內在的天主，因為你們已成為祂的殿宇。（第九條）
- 你們的行為不應惹人注目。不要靠穿著取悅人，而要靠聖善的生活。每當外出時，要一起同行，到達目的地後也應停留在一起。在

你們的行走、站立與一切動作中，都不應讓旁人感到冒犯，而要彰顯你們神聖生活的風範。（第十九至二十一條）

這些隱修團體多由平信徒組成，他們受《聖奧斯定會規》所感召。需要澄清的是，隱修生活並不意味完全與世隔絕，而是強調個人的退隱，但仍共享某些方面的團體生活。這種修道方式部分是受到當時方濟會及道明會實踐的托缽運動（mendicant movement）的激勵，那些修會致力於將傳統的團體生活推展到俗世，並且特別注重周遊宣道*與進修。然而，受奧斯定會啟發的諸多隱修小團體，因為各自為政，逐漸暴露出組織與管轄的問題。

十三世紀時期，有數位教宗致力於將這些小團體整合成一個修會，後被稱為「聖奧斯定隱修會」（Ordo Eremitarum Sancti Augustini）。其中尤以教宗依諾增爵四世（Innocent IV）的貢獻最大。他於一二四三年底頒布宗座詔

*編注：意指周遊各地，走遍各城各村，以進行宣教活動。

書〈降臨於我們〉（*Incumbit nobis*），呼籲這些隱修士「接受可敬的真福奧斯定的會規與生活方式」（「隱修士」一詞直到一九六八年，羅伯特．普雷沃斯特進入初學院的十年前，才正式被移除）。十六世紀時，教宗聖庇護五世（St. Pius V）正式將奧斯定會定位為托缽修會。

事實上，早在十四世紀時，奧斯定會便以熱衷於傳教工作而聞名。在「大航海時代」，許多著名的探險家與殖民地征服者，例如瓦斯科．達伽馬（Vasco da Gama）與荷南．寇蒂斯（Hernan Cortes）等人，都有奧斯定會士隨行或接踵而至。這些傳教工作特別受到奧斯定所強調的教育，以及在基督內、因著基督，人類合而為一的精神所激發。

五件聖髑與一枚胸前十字架

想要了解教宗良十四世，就必須了解他的奧斯定靈修傳統。

二〇二三年，教宗方濟各擢升他為樞機時，奧斯定會贈送給當時的普雷沃斯特樞機一個有五件聖髑的金質胸前十字架。仔細思考這個禮物的象徵意義，能為我們開啟一個微小但重要的窗口，讓我們得以窺見奧斯定靈修傳統的精髓。主教、修道院院長、總主教與樞機，通常佩戴胸前十字架，象徵他們的權柄，以及受難的基督常在他們的心頭。

奧斯定會贈送的這個十字架鑲有五件聖髑，分別屬於五位與奧斯定會有密切關係的聖人。教宗良十四世在他當選那天，就戴著這個胸前十字架，現身在聖伯多祿大殿的中央陽台。這五位聖人是：聖奧斯定、聖莫尼加（St. Monica）、維拉諾瓦的聖多瑪斯（St. Thomas of Villanova）、真福安瑟莫・波朗科（Bl. Anselmo Polanco），以及可敬者若瑟・巴爾多祿茂・梅諾基奧（Ven. Joseph Bartholomew Menochio）

✝聖奧斯定

會祖本人。奧斯定於三五四年出生在今日的阿爾及利亞。他在《懺悔錄》（*Confessions*）中敘述了自己的生命故事以及他戲劇性的皈依。這本書被視為西方文學史上的第一部自傳，開篇即是史上最著名的一段祈禱文：

主，祢是偉大的，祢應受一切讚美。祢有無上的能力、無限的智慧……祢激發我們喜悅地讚美祢，因為祢創造我們是為了祢，我們的心得不到祢，就不能安息在祢的懷抱中。

奧斯定對這種「不能安息的心」再熟悉不過了。他的母親，後世尊為聖莫尼加，是一位虔誠的基督徒。奧斯定年輕時耽溺於罪惡之中，從他著名的「為偷而偷」、潛入鄰家偷梨的事件，到明知違背天主誡命，仍與一位情婦同居，都讓他的母親極為痛苦。

奧斯定後來在工作上發揮了長才，擔任修辭學教師，也因此與另一位教會聖師——米蘭主教聖安波羅修（St. Ambrose）結識。兩人成為智識與靈性上的師徒關係，最終促成奧斯定在三十二歲時受洗。母親與兒子相繼去世後，孤獨一人的奧斯定將家族豐厚的產業變賣，將所得分施給窮人。

因為奧斯定出眾的演說才能，他被任命為希波地區的主教，雖然這並非他所願。希波位於今日阿爾及利亞的東北部，在那裡，奧斯定牧養信眾，為天主子民寫作，以及向他們宣講，從而留下了大量的文字記錄。他的數千篇講道、《懺悔錄》和《天主之城》（*City of God*）等經典著作，堪稱人類歷史上最驚人的思想結晶，也是後代基督徒取之不盡的靈修泉源。西元四三〇年，奧斯定逝世，享年七十五歲，當時他的城市正被信奉亞略異端的汪達爾人（Arian Vandals）圍困。

✝聖莫尼加

雖然聖奧斯定被聖安波羅修的講道、才智與聖德所吸引，而接受基督信仰，但促成他皈依的最主要、也最困難的力量，是他的母親在痛苦中恆心不懈的祈禱與母愛。

莫尼加出生於三三〇年代初，她的丈夫是異教徒帕特里修（Patricius）。他們有三個存活的孩子，但帕特里修不讓他的孩子們受洗。因為這個緣故，奧斯定年輕時的放蕩行為使他的母親格外痛苦，她知道這個兒子缺乏天主的恩寵，才使他的靈魂處於險境。

因此她每晚為兒子祈禱、流淚，但她從未對天主絕望，她相信天主的仁慈與大能，必會帶她的兒子重返家門。事情就這樣發生了。聖安波羅修為她頑劣的兒子施洗，就此皈依她深愛的信仰。之後幾個月，聖莫尼加便安然辭世。她曾如此宣告：「我之所以要暫留此世，不過是望你在我去世之前成為

天主教徒。而主的恩賜遠超過我本來的願望。」(《懺悔錄》卷九)

✝聖維拉諾瓦的多瑪斯

聖奧斯定與聖莫尼加感召了奧斯定會士，而維拉諾瓦的聖多瑪斯正是其中一員。他於一四八八年誕生於西班牙中部，一個雖不富裕、卻慷慨好施的家庭。

這位善於宣講的傳教士，於一五一六年加入奧斯定會，並在兩年後，一五一八年晉鐸。他有力而深刻的宣講影響廣泛，甚至連史上疆域最廣的歐洲王國，統治範圍從西班牙、尼德蘭、奧地利到美洲的神聖羅馬帝國皇帝查理五世，也延請他入宮講道。

然而，維拉諾瓦的聖多瑪斯最令人敬重之處，不是他的言語，而是他的行動。一五四四年，他被任命為瓦倫西亞（Valencia）總主教。據信，他進城時，獲頒四千銀幣，他回答說：「窮人比我更需要這些。像我這樣的修士，需要什麼奢華與舒適？」

他的總主教府邸成為窮人的朝聖之地。他確保每位前來的貧困者都能得到所需。他也致力消弭導致貧困的肇因。他寫道：「慈善工作不只是施捨，更重要的是，讓接受施捨的人不再需要別人的施捨，盡可能地使他們脫離貧困。」為瓦倫西亞民眾的靈性與物質需求服務了十年之後，他於一五五五年去世。

✝真福安瑟莫．波朗科

真福安瑟莫．波朗科是西班牙中東部地方，特魯埃爾（Teruel）與阿爾瓦拉辛（Albarracin）的主教。他是在西班牙內戰中殉道的九十九位奧斯定會士之一。一八八一年，他生於西班牙北部地區，年少時即加入奧斯定會。

一九三二年，他成為省會長，這個職務需要到世界各地奔波，因為奧斯定會的傳教區域非常遼闊。三年後，他被任命為主教。

接著，一九三六年，殘酷的西班牙內戰爆發。

共產黨支持的左翼共和派企圖推翻國內的一切傳統權威，包括宗教人士：從國王、地主，到神父、修女，甚至虔誠的平信徒。共和派佔領一個城鎮後，通常就接著大規模屠殺天主教徒。真福安瑟莫是一九三八年被捕者之一。在共和派最後戰敗之前數日，即使那時在激進的極左派人士眼中，他已毫不構成威脅，但仍被行刑槍決。一九九五年，教宗聖若望保祿二世宣封他為真福。

✝可敬者若瑟．巴爾多祿茂．梅諾基奧

一七四一年，若瑟．巴爾多祿茂．梅諾基奧生於義大利都靈，一七六四

年在奧斯定會發初願，後來他參與了一項自十五世紀持續至今的傳統——奧斯定會士擔任教宗的祭衣間管理人。但在十九世紀初期，拿破崙耀武揚威之際，如此近身地服事普世教會最高教長，是件危險的工作。

一八〇九年七月，拿破崙命令他的軍隊逮捕教宗庇護七世（Pius VII），並將其解送至法國囚禁。教宗在牢獄中度過了五年。此時，教宗國成為被佔領的淪陷區，居住在教宗國境內的百姓及官員都被迫要向法蘭西帝國皇帝宣誓效忠。

在這樣的時刻，若瑟．巴爾多祿茂留在羅馬沒有離開，根據良十四世所在的美國中西部的奧斯定會會士的說法，「雖然他受到極大壓力，仍拒絕向拿破崙宣誓效忠*」。

一八一四年，拿破崙戰敗退位後，若瑟．巴爾多祿茂協助重建被拿破崙迫害的奧斯定修會團體。他在一八二三年去世。

*“Venerable Joseph Batholomew Menochio: Augustinian Servant of God,”中西部奧斯定會，二〇二五年五月十九日登入，網址：https://pse.is/7w8fp2

合一與共融

這些奧斯定會的典範，教宗良十四世選擇將他們放在胸前的十字架上，貼近心臟。我們可以從中看到活出奧斯定靈修傳統的各種途徑，但其中有一條非常明確的主線，那就是全然信賴與耶穌基督及其教會的連結。

在耶穌內，藉著耶穌，奧斯定的智慧開花結果，他的生命轉為英勇、美德與聖潔；莫尼加在痛苦中堅持到底，最終見證了她的兒子成為天主家庭的一員；多瑪斯成為服務的典範，他不僅慈悲施捨，更改革不公義的制度；安瑟莫帶領信眾度過殘暴的迫害，最後捨身殉道；若瑟．巴爾多祿茂不顧世俗要他背棄教會的壓力，仍忠心不移。

事實上，這就指向了這些聖人的另一個共通之處：堅持抗拒世俗。奧斯定可以做一個悠閒的修辭學家；莫尼加可以不顧她的兒子，而去享受羅馬上流社會的貴婦生活；多瑪斯可以過著奢華的生活，當一位安於現狀的主教；安瑟莫可以設法逃亡，或是與佔領者達成交易來保命；而若瑟・巴爾多祿茂只要對拿破崙宣誓效忠就可讓自己免去許多麻煩。

但，教宗良十四世告訴我們：這不是「聖」的意義。

「聖」在於始終與基督及其教會合而為一——無論順境、逆境、喜樂或哀傷。正如教父學家麥克・阿奎利納（Mike Aquilina）在《全美天主教紀事報》所撰寫的*，他在闡述教宗良十四世的牧徽格言「在唯一的天主內，我們合而為一」時指出，奧斯定思想的核心是「整個基督」（*Totus Christus*）的概念，而奧斯定這句話所描述的是，全體信友合而為一的神靈是基督的軀體，而基督是頭。對奧斯定而言，這不只是一個隱喻。這個形象描繪的是基督徒在教會中真實的、聖事性的合一。

教宗良十四世在升任樞機後受訪，論及奧斯定會的聖召時這樣說：

*Mike Aquilina, "Pope Leo XIV's Motto, Drawn from St. Augustine, Speaks Volumes to This Moment,"《全美天主教紀事報》網頁，二〇二五年五月十二日、十九日登入，網址：https://pse.is/7w8ftk

當我想到聖奧斯定，想到他對皈依教會的看法與理解時，首先浮上心頭的，是他說：你不能說自己是基督的門徒，卻不屬於教會。基督是教會的一部分。祂是教會的頭。

因此，那些認為可以用「他們自己的方式」跟隨基督，而不需要成為身體一部分的人，很不幸地，是活在一個被扭曲的真實經驗中。聖奧斯定的教導觸及生活各層面，並幫助我們活在共融中。

合一與共融不僅是修會生活的核心特質，也是體認「教會是什麼」以及「作為教會一部分的意義」的基礎。*

奧斯定靈修首先奠基在對真理的追尋上，沿著奧斯定令人心驚動魄的心路歷程，直到他的皈依與領洗。奧斯定的宣告完美地表達了這點：「主，祢創造我們是為了祢，我們的心得不到祢，就不能安息在祢的懷抱中。」

* Ricardo Morales Jiménez, "Interview with Cardinal Robert Prevost OSA: 'Above All, a Bishop Must Proclaim Jesus Christ,'"，奧斯定會，二〇二五年五月八日更新、十九日登入，網址：https://pse.is/7w8fxm

亞基利娜（Aquilina）補充說：「奧斯定靈修強調以內省、祈禱、團體以及服務來尋求天主。聖奧斯定是這種生活的典範，他在他的回憶錄《懺悔錄》中敘述了他的皈依故事。雖然這是他個人的故事，但它假定人對天主的渴望是普世性的——在塵世的想望中瞥見，卻無法從塵世的事物中得到滿全。」*

奧斯定靈修特別強調友誼的重要性，視之為天主的恩賜，也是親近祂的重要助力。良十四世在二〇二三年的同一訪談中如此說：

各式各樣的人可以極大地豐富我們的生命。老實說，作為奧斯定會士，擁有一個能與他人分享自身經驗、互相開放心靈的團體，是我此生得到最寶貴的恩賜之一。友誼的恩賜幫助我們回歸到耶穌本身。能在生命中發展出真正的友誼，是件美好的事。毫無疑問，友誼是天主賜予我們最美

*亞基利娜著，《教宗良十四世的座右銘》。

好的禮物之一。*

奧斯定會的標誌顯示了奧斯定靈修的途徑：一顆燃燒的心，被箭穿刺，置於一本打開的書上。燃燒的心是奧斯定會的傳統圖像，用以體現對天主的愛以及對近人的愛。這顆心被箭穿透，是按照奧斯定宣告他與聖言相遇的情形所描繪的：「祢以祢的聖言刺穿了我的心。」打開的書本則象徵對知識的追求，這是奧斯定會傳統的標記。

傳福音的熱火與求知的渴望，這兩項都是那些年良十四世在秘魯從事修會傳教工作的一部分。

* Jiménez, "Interview with Cardinal Robert Prevost."

PART

2

秘魯：對比之地

4

羅伯特神父

雖然教宗是羅馬的主教，但在教宗良十四世的心中，總是會先想到自己是奇克拉約（Chiclayo）的主教。二〇二五年五月八日下午，首次出現在聖伯多祿大殿中央陽台時，他以西班牙語向秘魯北部這座小城的信友們致上特別問候：

請允許我向大家說一句話、一句問候，尤其向我親愛的秘魯奇克拉約

教區致意，那裡的忠信子民陪伴了他們的主教、分享了他們的信仰，作為忠於耶穌基督的教會，他們還要做許多，好能繼續前行。＊

接下來的幾個小時，在一群致力於編輯及改進《維基百科》的人當中，爆發了爭論。

《維基百科》是一個「群眾外包」的線上百科全書，爭論的焦點是：良十四世是否能被稱為「第一位American教宗」？在美國，雖然American這個字很明確是指來自美國的人，但American也可以泛指來自美洲大陸的人。根據這個定義，喬治・馬里奧・貝爾格里奧（Jorge Mario Bergoglio）——也就是教宗方濟各——才是第一位「美洲教宗」。

雖然這場辯論的細節枯躁乏味，但這討論讓我們有機會一窺良十四世心中的自我認同。事實上，我們從他自己的發言中可以明確地看出，教宗良十

＊教宗良十四世宗座遐福，〈致羅馬城及全世界〉。

四世自認與秘魯的關係遠比與美國的更深。在南美洲的牧靈工作上，他注入了最大的心血；作為耶穌基督的司祭，他在那裡度過了近半生的歲月，

說到底，良十四世是否可以被稱為「第一位美洲教宗」其實並不重要。重要的是，他最優先的自我認同是：在基督內、在祂的教會內。

然而，毫無疑問地，我們可以說，良十四世是第一位完完全全的美洲教宗——他是北美洲也是南美洲的人，他對教會以及人與天主相遇的體驗，深受南、北美洲兩種不同文化的滋養。雖然他以一位美國人的身分在秘魯開始傳教工作，但他成為了秘魯人——不僅在公民身分上，更是在文化、信仰與愛的層面上。

確實，除了耶穌基督與祂所建立的教會之外，秘魯，顯然是教宗良十四世生命中的摯愛。

第一年

早在十六世紀中葉，奧斯定會就已經開始在秘魯傳教，這是奧斯定會全球傳教行動的一支。一九八五年，年輕的奧斯定會神父羅伯特．普雷沃斯特來到了丘盧卡納斯（Chulucanas）這座位於秘魯北部，安地斯山脈與塞丘拉沙漠（Sechura Desert）之間狹長地帶的小城市。

那時，普雷沃斯特神父已經晉鐸三年，這段期間他大部分時間是在羅馬的天使大學攻讀教會法，也就是天主教會的宗教法規。他渴望從事傳教工作，但無論在芝加哥或是羅馬，他所做的準備似乎都無助於他後來在丘盧卡納斯的工作。

秘魯這一帶地區通常相當乾燥，只有在發生「聖嬰」氣候現象時，暴雨會淹沒秘魯的太平洋沿岸。安地斯山湧出的洪流沖毀了成千上萬的住屋。

「因為情況緊急，他竭盡所能地投入救災。人們的家園被毀，房屋被夷為平地。災情如此嚴重，不論是怎樣的幫助，他都親力親為。」＊這是達尼爾・特利主教對《美國》雜誌的凱文・克拉克（Kevin Clarke）的回憶敘述。

這可說是一場實際傳教工作的速成課：雖然他的首要責任始終是照顧信眾的靈性生命，但這位瘦削的年輕神父也必須學會善於幫助人們，滿足他們日常生活的物質所需。

當時的丘盧卡納斯仍只是一個「自治監督區」，升格為有主教的教區是幾年後才實現的事。當時良十四世負責的區域包括有數萬居民的丘盧卡納斯本城，以及無數座散布在安地斯山麓的小村落，其中許多是講原住民語的原民部落。丘盧卡納斯本就算不上是什麼富裕的地方，但到了這些山區，才算真正看到赤貧。

這裡的貧窮與他在芝加哥南區所見的有天壤之別，也是一種截然不同的

＊Kevin Clarke, "A Missionary Pope: What Pope Leo XIV's Years in Peru Tell Us about How He'll Lead the Church," *America*, 二〇二五年五月十三日、十九日登入，網址：https://pse.is/7w8g57

超自然經驗。在許多村落中，天主教信仰仍要與當地的傳統信仰和宗教活動競爭，或是與之混合，成為一種綜合性的信仰體系。

在秘魯的第一年，無疑是塑造良十四世生命的重要一年，他首次體驗到他最渴望的生活。然而不久後，他就被修會召回到芝加哥工作，包括擔任傳教部門主管，這不僅顯示出他的熱忱，也顯示出他所展現及發展的才幹與技能。一九八七年，完成天使大學的教會法博士學程後，他再次返回秘魯，這一次，這裡成為他的家。

一個分裂的國家

秘魯大致可以劃分為三個地理區域：一是乾燥的沿海地區，是大多數人民居住的地方（利馬〔Lima〕是世界上最乾燥的首都）；二是安地斯山高原區，有許多壯麗的文化古蹟，例如馬丘比丘（Machu Picchu），這裡至今仍是秘魯原住民的家園；三是無比濃密的亞馬遜熱帶雨林區，覆蓋了秘魯絕大部分的國土面積。事實上，除了巴西之外，秘魯的亞馬遜雨林比任何其他國家都多。

良十四世的傳教工作遍及這三個地區，但他主要穿梭於沿海與秘魯北部的山區之間。這裡乾燥的沿海地帶向內陸延伸達六十英里，形成極為乾旱的塞丘拉沙漠。這裡的自然景觀，除了一部分有灌溉系統可以耕種的地方外，都是一片褐色，幾乎像是一幅褪色的老照片。

褐色丘陵在沿海聚落的北方與東方緩緩地升起，然後突然呈現在眼前。在這些雄偉的高原上與易受洪水侵襲的山谷中，仍然保持著傳統生活的方式，例如放牧與自給自足式的農耕。貧窮卻美麗的教堂點綴了山中景觀，但對許多人來說，想來參加彌撒，需要翻山越嶺，走好幾英里的險峻山路。馬及騾子仍是重要的交通方式。

存在於秘魯的大都會與當地人所稱的「深層秘魯」之間的巨大城鄉差距，以及在傳統地主階級與農工階級之間的強烈反差，導致幾個世紀以來不斷發生嚴重的政治衝突。良十四世在秘魯傳教的期間，正是這個國家歷史上最動盪的年代。

從一九八〇到二〇〇〇年之間，秘魯陷入了馬克思主義革命組織（惡名昭彰的「光明之路」）與歷屆政府政權之間的小規模內戰，長達二十年。「光明之路」遵循其創始人阿比馬埃爾・古斯曼（Abimael Guzmán）所倡導的獨特馬克思主義思想，強調必須使用暴力來徹底推翻資本主義與中產階級體系，包括天主教會所代表的權威體制。

「光明之路」自詡為世界共產主義的先鋒。他們的理論認為，一旦推翻秘魯政權，便能將這種極端粗暴的馬克斯─列寧─毛澤東主義的模式推廣至全世界。他們也意圖剷除那些被他們的領導人認為不夠激進的共產主義黨派與組織。

一九八〇年代的秘魯政府對「光明之路」束手無策。秘魯社會根深蒂固的不平等，以及因為文化與地理區隔所造成不同族群間的緊張對立，成為孕育極左好戰派的沃土。這段時期後來被稱為秘魯的「失落十年」。到了一九九〇年，「光明之路」控制了秘魯的近半地區，包括北部的塞丘拉沙漠，也就是普雷沃斯特神父服務的地區。

但到了一九九〇年代，日裔秘魯總理藤森謙也上台後，情勢開始轉變。藤森雙管齊下，一方面推行自由市場的資本主義，另一方面以強硬手段鎮壓「光明之路」叛軍，因此在秘魯社會中成為廣受愛戴、但也備受爭議的人物。上任兩年後，他與軍方密謀解散國會，讓他掌握獨裁權力。

藤森政府以同樣極端的暴力手段對待「光明之路」，包括酷刑以及由政府的祕密警察或暗殺小組實施非法處決。政府與叛軍皆肆無忌憚地殺戮、傷害、酷刑虐待。困在雙方交火中的受害平民，以原住民受害最深。

藤森掌權十年，雖然他的戰略極不人道，但卻奏效。到二〇〇〇年，藤森被迫下台並逃往國外，以躲避貪腐與戰爭罪的起訴時，「光明之路」的勢力已無足輕重，僅在秘魯蠻荒的內陸從事一些毒品生產。藤森最後被引渡回國，因貪污與違反人道罪被判刑入獄。過去多年的暴亂造成七萬多人死亡。

一九八五年，良十四世抵達丘盧卡納斯時，這個國家正處於令人沮喪、絕望的政治與社會環境中，到處都潛伏著暴力危機。一九八八年，他又轉至特魯希略（Trujillo）。接下來的十年，他就定居在此服務。

永遠的奧斯定會士

有時你根本不知道你在跟誰說話……人們彼此不信任。他們不知道誰是政府的線人，誰是「光明之路」的線人。所以大家都害怕說話，害怕說出自己的意見。*

以上這段話，是特利主教向《美國》雜誌描述秘魯內戰期間生活的不安。然而，教會的使命不只是要存活下來，更要繼續服事那些身陷戰火之中的人民，無論是靈性上或是物質上的需要。這就是普雷沃斯特神父在特魯希略所做的事。當地人都以普雷沃斯特神父的西班牙文名稱*Padre Roberto*（羅伯特神父）來稱呼他。

特魯希略是秘魯人口第三多的城市，位於該國的北部，丘盧卡納斯以南約兩百英里處。這是一座成長迅速的濱海城市：一九八八年，普雷沃斯特神父到達此處時，該市的人口還不到五十萬，但現在已接近一百萬了。每人平均年收入約為一萬兩千美元，大約是首都利馬的四分之一，但這城市的大部分地區是極為窮困的貧民窟。將近百分之八十的居民是天主教徒。

* Kevin Clarke, "A Missionary Pope: What Pope Leo XIV's Years in Peru Tell Us about How He'll Lead the Church," America, 二〇二五年五月十三日、十九日登入，網址：https://pse.is/7w8g57

普雷沃斯特神父在特魯希略服務時，幾乎沒有任何工作是他沒有擔任過的。他曾任該市的奧斯定會會長，也是修會見習生的陶成導師，同時擔任其他修士們的學術與靈修指導。他曾任總教區教會法庭的法官。但很明顯地，他最重要的職務是學術與牧靈工作，這也彰顯了他的人格特質。

普雷沃斯特神父顯然是特魯希略的一位知識領袖。

他領導總教區的小修院，特別致力於招募本地青年成為神父，培養新一代秘魯本土神父來服務自己的國家。他也把自己在天使大學的訓練帶到特魯希略，教授教會法、教父學與倫理神學。

在面對秘魯的政治局勢時，羅伯特．普雷沃斯特神父保持中間路線。儘管有些天主教徒（包括主教）公開支持藤森政權對「光明之路」的鎮壓，但他對雙方的過激行為皆有批判。他顯然對「光明之路」的偏激思想與恣意的暴行毫無好感，但他也無法漠視國家政權的暴力。尤其在他從事牧靈工作的貧困族群中，為每一個人服務意味著要諒解各種政治傾向，即使是那些他並不認同的立場。

二〇一七年，秘魯總統佩德羅・巴勃羅・庫辛斯基（Pedro Pablo Kuczynski）下令赦免藤森，時任奇克拉約主教的普雷沃斯特公開表示反對，並批評藤森未曾顯示過任何悔意。普雷沃斯特主教說：「他若能親自為那些他所犯下、他也因此受審的一些重大罪行請求寬恕，將會更具說服力。」後來該項赦免被法院撤銷，藤森返回獄中。二〇二三年他出獄後，隔年去世。

羅伯特・普雷沃斯特神父在特魯希略南區的兩個堂區牧養他的信眾（這樣的地點安排頗具象徵意義），兩個堂區相距約一英里，分別是：蒙特塞拉特的聖母堂（Nuestra Señora de Montserrat）以及卡夏的聖利達堂（Santa Rita de Cascia）。這兩個堂區的主保正巧和他在芝加哥服事的奧斯定會的教堂及學校的主保一樣，都是聖母及聖女利達。蒙特塞拉特的聖母堂外牆漆成鮮亮的粉紅色，它的特徵是巨大的圓木大門上面刻著一座十字架；而聖利達堂是個有圍牆的院落，外牆有聖奧斯定的壁畫。

他不是「空降」到這些堂區去服務的，而是他建立了這些堂區。他也在他的堂區創建了學校。所有特魯希略以及秘魯其他地區的人在論及他的牧靈工作時，都讚不絕口，尤其是他對窮人的關懷，以及在災難時（例如在當地常發生的大水氾濫）所伸出的援手。

其中一個特別感人的回憶，是良十四世當選教宗後，一個西班牙語電視台的訪問。赫克托．卡馬喬（Héctor Camacho）曾為普雷沃斯特神父（或許稱為羅伯特神父更好）輔禮彌撒，因為他是丘盧卡納斯的「基督君王輔祭團」（Cristo Rey Altar Boys club）成員。

一九九〇年，良十四世的母親米爾德里德過世後，赫克托和妻子決定以她的名字為他們尚未出生的女兒命名，以此紀念她，他們還請羅伯特神父做他們女兒的代父，他也欣然答應了。如今，這位小女孩已經成年了，當被問到作為教宗的代女是什麼樣的感覺時，她回答說：

我總是說，我有我代父的祝福……從小我就敬佩他。他一直與我們在一起——透過信件、短訊。當他來丘盧卡納斯訪問時，每次彌撒前他總會花些時間跟我們寒暄。至於現在他是教宗——嗯，知道我從小就受到他的祝福，那種感覺真好。

赫克托記憶中的羅伯特神父，會把平安與寧靜的感覺帶到他的所到之處，尤其是帶到丘盧卡納斯，以及後來的特魯希略與奇克拉約周邊的貧困地區。當這位神父來到時，有時他是騎馬或騾子前來，村民不分男女老少都會大聲喊道「羅伯特神父！」並且衝上前來擁抱他。若說他被人們視為一位活聖人，實不為過。

近年來，特魯希略當地的聖奧斯定學院（St. Augustine College）以羅伯特神父在此地服務過的兩間教堂當作廣告，他們使用的標語是*Una vez Agustino...siempre Agustinos*，意思是：「一日為奧斯定會士，終生是奧斯定會士！」在特魯希略，乃至整個秘魯北部，奧斯定會的影響——也是羅伯特神父的影響——隨處可見。

在後來的歲月中，他將以羅伯特主教的身分，把他的服務延伸到更遠的地方。

5

身在秘魯的基督

在整個西半球與整部教會史上，秘魯為教會奉獻了兩位最傑出的聖人：聖瑪爾定・包瑞斯（St. Martin de Porres）與利馬的聖羅撒（St. Rose of Lima）。如今，這片美麗的土地又為教會獻上了一位教宗。

十六世紀初，天主教會隨同西班牙征服者一同來到秘魯。在這裡，方濟各・皮薩羅（Francisco Pizarro）遇見了印加帝國。印加是人類史上最卓越的文明之一，帝國的疆域從今日的哥倫比亞一直延伸，跨越南美的太平洋沿岸，直到大約智利的聖地牙哥一帶，綿延二千五百英里，但它的中心地帶是在秘魯，尤其是南部高原地區的庫斯科（Cuzco）。

很快地，西班牙帝國的社會體系就在這個乾燥的沿海地區紮根，最後以利馬作為首府。令人驚嘆的是，在短短幾個世代內，這座殖民城市便孕育出兩位當代的非凡聖人，他們皆是聖道明會第三會士——聖瑪爾定．包瑞斯，以及利馬的聖羅撒。

這兩人都展現了一種特別熱切的靈性，彷彿是天主特別為他們所在的地方與所處的時代而興起的，因此在起初就深深烙印在秘魯天主教的基因中。在秘魯，不容有不冷不熱的信仰：要不就是全心投入，要不就是完全出局。

北方的聖人

一九九八年，普雷沃斯特神父因為被選為芝加哥的奧斯定會善導之母省會長，第二次離開秘魯。三年後，他當選為奧斯定會總會長，並連任兩屆六年期，直至二〇一三年才卸任。之後，二〇一三至二〇一四年間，他在芝加哥的聖奧斯定修院擔任培育主任，並同時擔任善導之母會省的首席顧問與省會副會長。

普雷沃斯特神父原以為自己與秘魯的緣分已盡，但在他離開秘魯、服務奧斯定會十五年後，教宗方濟各又派他重返秘魯。

二〇一四年，奇克拉約教區主教耶穌・莫利內・拉巴雷（Jesus Moline Labarre）屆齡退休後，這位未來的教宗奉派回到秘魯，接任宗座署理的遺缺。同年十二月十二日，美洲主保聖母瓜達盧佩瞻禮，他在奇克拉約壯麗的聖母主教座堂晉牧。這座殖民地新古典風格的大教堂始建於一八六九年，直到一九六九年才落成，設計師是以法國巴黎鐵塔聞名於世的古斯塔夫・艾菲爾（Gustave Eiffel）。二〇一五年九月二十六日，教宗方濟各正式任命普雷沃斯特神父為奇克拉約教區主教。該市是秘魯人口第五多的城市，擁有超過六十萬居民。二〇二〇至二〇二一年，他亦兼任秘魯卡亞俄（Callao）教區的宗座署理。

多年之後，普雷沃斯特曾表示，他從沒想到在二〇一三年方濟各當選教宗後，自己會被任命為主教。他敘述，當教宗方濟各還是阿根廷布宜諾斯艾利斯的總主教時，他們兩人之間曾發生過一些摩擦。

二〇二四年，在伊利諾州某堂區的一次談話中，時任樞機主教的普雷沃斯特透露，他和方濟各曾為一位奧斯定會士的派遣問題發生過爭執。當時這位會士在方濟各的教區服務，普雷沃斯特是奧斯定會的總會長。最終，這件事是方濟各讓步。不過，後來普雷沃斯特似乎在其他一些教會事務中為方濟各挺身而出，因此方濟各對他評價極高。

作為主教，普雷沃斯特在一些重要議題上堅決捍衛教會的教導，包括性別意識形態和保護胎兒生命。在擔任奇克拉約主教期間，他公開反對政府推動性別意識形態的教育課程。他說：「推廣性別意識形態會造成混淆，因為它試圖創造一些並不存在的性別。」*

同樣地，他也是秘魯「維護生命權」運動的熱心支持者。二〇一九年，他在奇克拉約的一次講道中，如此呼應教宗方濟各對「拋棄文化」的批判：「若是我們把最弱小的——不論是母胎中的嬰兒，或是年老體弱的長者——視為可拋棄之物，我們就無法建立一個公義的社會，因為他們都是天主的恩賜。」

良十四世在每個職位上，都很快地就被提拔到更高的管理職位。二〇一八年，他成為秘魯主教團副主席。這個主教團的成員包括四十多個教區的領導者。他也擔任過經濟委員會理事，以及文化與教育委員會主席。

然而，這些頭銜絕非普雷沃斯特主教在秘魯備受愛戴的原因，真正的

* Motoko Rich, "There's Never Been a Pope From the U.S. Could This Cardinal Change That?" *New York Times*，二〇二五年五月八日更新、十九日登入，網址：https://pse.is/7w8ga

原因是他總是與他的羊群在一起。雖然主教可以享有私人司機接送，但他總是自己駕車在奇克拉約及其郊區奔波。如果車子拋錨，他也總是第一個跳下車、親自動手去修理的人——也是最被人信賴、願意交託去嘗試的人。

如果他要去服務的地方不能通行車輛，他就會騎馬或騾子去完成任務。看到他騎馬在秘魯的高地翻山越嶺，完全不會讓人感到詫異。「連秘魯的主教們都稱他為聖人。他是『北方的聖人』，只要你需要他，他就會在那裡。」奧斯定會士亞歷山大・藍姆神父（Fr. Alexander Lam）在接受羅馬的美聯社訪問時如是說：「他就是那種會在路途中找到你的人。他就是這樣的一位主教。」*

每當秘魯又發生洪水氾濫，急流沖過山谷、肆虐平原時，沒有什麼比普雷沃斯特主教在救災中所展現的服事，更能體現他渴望與人民同在、致力於提供實質援助的決心了。那些畫面至今仍深深印刻在人們心中：他把褲腳塞

* Franklin Briceno and Nicole Winfield, "Prevost, Now Pope Leo XIV, Known as the 'Saint of the North' in Peru for His Closeness to Poor," Associated Press，二〇二五年五月八日、十九日登入，網址：https://pse.is/7w8gcx

進高筒塑膠雨靴裡，毅然走入水中，穿越洪水。二〇一七年是聖嬰現象造成的洪災，二〇二二年則是熱帶氣旋帶來的龍捲風災，但無論災難的成因是什麼，他始終在現場救援。

接著新冠疫情爆發。秘魯政府對人民日常生活實施嚴格的封鎖管制，使得天主教徒長達九個月無法領受聖事。然而，當時在他週遭的人都記得，他從不畏懼疾病，也從不害怕接觸民眾。奇克拉約明愛會（Caritas）當時的負責人哈尼娜・塞薩・科爾多瓦（Janinna Sesa Cordova）告訴《主日訪客新聞》（*OSV News*）的伊內斯・聖馬丁（Ines San Martin）說：「普雷沃斯特主教從來也不是那種坐在辦公室裡發號施令的主教。他展現了基督的面容——那位走出象牙塔，踏入泥濘，幫助人民的牧者。」

在新冠疫情最嚴重的時候，秘魯北部許多家庭賴以維持親人生命的氧氣供應不足，於是，普雷沃斯特主教發起並領導了「希望之氧」行動（Oxygen of Hope）。據塞薩回憶，此行動讓「我們成功購置了兩座醫療用氧氣工廠，免費照顧了數百個家庭」。

在同一篇報導中，有個有趣的細節提醒了我們：雖然普雷沃斯特以提供實質援助而聞名，但更重要的原因是，他是耶穌基督的司祭。皮烏拉大學（University of Piura）哲學與人類學教授阿爾多・利亞諾斯（Aldo Llanos）說，普雷沃斯特總是穿著靴子與雨衣，喜樂地出門服務人群。但「到了要舉行彌撒的時候，他的祭衣總是整潔無瑕*」。

處理性侵案件的爭議

有人批評普雷沃斯特在擔任奇克拉約教區主教期間，對神職人員性侵事件的調查不夠積極。事件起因於二〇二二年有三位姊妹向教區指控，她們在二〇〇四年還未成年時，曾遭受一名神父性侵。這三位姊妹聲稱，在普雷沃

* Ines San Martin, "In Boots during Floods, in Vestments at Mass: Peruvians Claim Leo XIV as a Local," OSV News.

斯特主教任內，教會沒有對該事件進行詳盡調查，而允許被指控的神父繼續主持彌撒。

類似的指控也出現在他擔任芝加哥奧斯定會的善導之母省會長的期間。據稱，二〇〇〇年時，他曾允許一名被控性侵未成年人的奧斯定會神父，住在芝加哥的聖若望．史東修院（St. John Stone Friary）接受監管。該名神父自一九九一年起，就因遭到相當可信的指控（性侵未成年者）而被禁止公開執行聖職。後來普雷沃斯特又因為該神父所在的修院靠近一所學校而受到批評，儘管這並不違反教會法。

關於普雷沃斯特後來在奇克拉約被指責的事，接任的教區主教艾丁森．法方（Edinson Farfan）為他的這位前任辯護，他在一個關於這個問題的記者會中表示：「那是一個謊言。他（教宗良十四世）傾聽受害者，也尊重處理的程序，而這個案件仍在進行中……相信我，我十分關心正義得以伸張，尤其是，希望能夠幫助受害者。」

聖座新聞室（Press Office of the Holy See）也引用奇克拉約教區社會傳播辦處二〇二三年的一則聲明指出：「在接獲投訴後，該名被指控的神父已被召回，並令其離開堂區，停止聖職工作。初步調查結果已呈交聖座。」*

二〇二三年的公告也說明：「教義部（Dicastery for the Doctrine of the Faith）審查對該名神父的指控後，因所附證據不足，決定暫時結案。」

二〇二三年，普雷沃斯特總主教被任命為聖座主教部（Dicastery for Bishops）部長，隨後接受《梵蒂岡新聞》的專訪。訪談中，在談及教會如何回應性侵危機、主教應承擔的責任，以及在處理這類事件時應有的不同心態時，他表示：

> 有些地區多年來已經在努力改善，制定規範並付諸實施。然而，我知

* Walter Sanchez Silva, "Peruvian Bishop Defends Pope Leo XIV against Accusation of Cover-Up," Catholic News Agency，二〇二五年五月十四日、十九日登入，網址：https://pse.is/7w8gss

道，還有很多需要學習的地方。

我要說的是，我們亟需做好陪伴受害者的工作，以及負起我們的責任。主教常會遇到的難題之一是：他必須親切地照顧他的神父們，如同我已經說過的，他也必須親切地關心受害者。有些人建議，不應該由主教直接與受害者接觸，但我們不能對那些受到性侵傷害的人關上我們的心門，更不能關上教會的大門……

當然，不同文化在面對這些情況時，他們的反應也會有很大的差異。在某些國家，討論這類事情已經比較沒有禁忌；但在其他地區，受害者或其家人根本不願意再提到性侵對他們所造成的傷害。

無論如何，沉默不能當作答案，沉默不是解決之道。我們必須開誠布公，我們必須陪伴並扶助受害者，否則他們的傷口將永遠無法癒合。這是我們每一個人都必須承擔的重大責任。＊

＊Andrea Tornielli, "Archbishop Prevost: 'The Bishop Is a Pastor, Not a Manager,'" Vatican News，二〇二五年五月四日、十九日登入，網址：https://pse.is/7w8gv7

總歸於耶穌

相對於別人對他的指控，教宗良十四世在奇克拉約對信眾的靈性牧養並未受到世俗媒體太多的關注。但是，這顯然不只是他牧職的核心，更是他整個傳道工作的基礎。就算他曾很友善地會晤過解放神學之父古斯塔沃・古鐵雷斯（Gustavo Gutierrez）神父，也沒有任何證據顯示，普雷沃斯特主教認為他對民眾物質需要的關懷——也就是他在世俗領域的傳道工作——比他對信眾靈性上的牧養更重要，甚至認為兩者同等重要。

相反地，他對民眾物質需求的服務總是源於耶穌的召叫，根植於基督信仰的穩固基礎，並將他的羊群導向是真人也是真神的耶穌基督。以新冠疫情為例：普雷沃斯特主教籌畫了拯救生命的醫療資源，但他同時也捧著聖體，走上街頭。和教宗方濟各在二〇二〇年三月頒布的宗座遐福相呼應，良十四世也以美麗的聖體光中的耶穌，降福奇克拉約。

他的這個舉動，為已經九個月不能聚會和領受聖體的信眾帶來了深切的安慰。據說，良十四世也肯定一六四九年在奇克拉約南方的埃騰（Eten）小鎮所發生、具有歷史意義的聖體奇蹟。根據「聖體真實臨在教育與朝拜協會」（Real Presence Eucharistic Education and Adoration Association）的記載*，曾發生過這樣的事件：

> 「至聖聖體內的聖嬰」（Divine Child in the Most Holy Sacrament）首次顯現於一六四九年六月二日，聖體聖血節前夕的晚禱與明供聖體時。
>
> 禮儀結束時，方濟會修士傑羅姆．德．席爾瓦．曼里克（Jerome de Silva Manrique）正要將聖體光放回聖體櫃，他突然停了下來。眾人看見，在聖體上出現了聖嬰燦爛的面容，祂濃密的棕色捲髮垂至肩頭。教堂內所

*Eucharistic Miracle of Eten: Peru, 1649，二〇二五年五月十九日登入，網址：https://pse.is/7w8gyd

有在場的信友都看到了同樣的異象。

數週後，相似的事件再度發生：

按照奇克拉約的方濟會院長馬可・羅培茲（Marco Lopez）修士的見證，在明供聖體時，「耶穌聖嬰再度在聖體上顯現。祂穿著南美印地安的傳統服飾，紫色長袍下，是高及胸口的襯衣」。聖嬰藉著這個記號向埃騰的摩希根（Mochican）原住民顯示祂對他們的認同與愛意。

在這次持續約十五分鐘的顯現中，許多人還看到聖體中有三個彼此結合、白色的小愛心，這象徵了三位一體的聖三——聖父、聖子及聖神——臨在於這個聖體。直到今日，每年慶祝埃騰的聖嬰奇蹟瞻禮日時，仍有數以千計的信眾聞名前來朝聖。

長久以來，埃騰的居民一直期盼這件奇蹟會獲得教會的正式承認，從而讓他們的小鎮被視為「聖體之城」。因著良十四世獲選榮登伯多祿宗座，這一願望更有可能實現。

在眾人的眼中，良十四世是位和藹可親的主教，但他對關係到天主教信仰真理的問題，卻毫不妥協。《紐約時報》引述艾爾默．烏喬芬神父（Fr. Elmer Uchofen）的話說：「每當他看到不對的或不合乎教會教導的事時，他都會堅定地指出。」*其他報導亦指出，普雷沃斯特主教私下會毫不猶疑地糾正其他人。聖馬丁報導說，他曾向涉入貪腐或其他非法和不道德行為的人發出「多封措辭嚴厲的信函」。在這一點上，他使人聯想起米蘭的主教聖安波羅修，因為聖安波羅修也曾斥責皇帝狄奧多西（Theodosius）的不道德行為，從而促使皇帝謙順地悔罪，並回歸教會。

良十四世對他在奇克拉約轄下的修女團體十分照顧，當然，對奧斯定會

* Mitra Taj, Julie Turkewitz, and Genevieve Glatsky, "In Chiclayo, Peru, Locals Cheer the 'Peruvian Pope'," 《紐約時報》，二〇二五年五月九日，十九日登入，網址：https://pse.is/7w8h3s

的修女們更是關愛。許多團體至今仍十分懷念這位主內的兄長，他激勵了她們個人以及團體的神恩與聖召。

「他與我們同餐共飲，為我們舉行彌撒，陪伴我們、鼓勵我們，使我們深受感動，因為他是本著純樸、信心與祈禱做這些事，」瑪琳娜・吉斯貝修女（Sr. Marlene Quispe）這樣告訴《全球修女報》（*Global Sisters Report*）記者芮娜・吉多斯（Rhina Guidos）：「他是一位願意傾聽的人，他幫助別人分辨，他的話語對建立團體共融至關緊要，他真是一位好弟兄。」*

二〇二三年，他剛被任命為樞機後，有一份奧斯定會的刊物問他，怎樣才算是一位好主教，他回答說：

> 一位好牧者必須能與天主子民並肩同行，生活在他們中間，而不要離群索居……因此，一位主教需要具備多種技能。他必須懂得如何治理，能

*Rhina Guidos, "Few Know Pope Leo XIV like These Augustinian Sisters from Peru's Catholic Community," Global Sisters Report，二〇二五年五月九日、十九日登入，網址：https://pse.is/7w8hac

執行並能籌劃，並且懂得如何與人相處。但如果我必須指出其中最重要的一項，那就是他必須宣認耶穌基督，並活出信仰，使信眾從他的見證中得到激勵，渴望在耶穌基督親自創立的這個教會中更為活躍。簡單地說，就是：幫助人們藉著信仰的恩賜來認識基督。*

普雷沃斯特主教被舉揚至伯多祿的宗座上之後，他所牧養的信眾的回應，是他活出了自己對「好主教」定義的最佳明證。成千上萬的秘魯民眾立即自發地湧進奇克拉約的街頭慶祝。這時候，有些修院的修生在看執事級首席樞機多米尼克．曼貝蒂用拉丁語宣告「我們有教宗了！」的錄影。當他唸到「羅伯特．方濟各」時，全屋震撼，當他接著說出「普雷沃斯特」時，歡聲雷動，有如秘魯剛贏得世界盃足球賽。

普雷沃斯特片刻不曾忘懷他所深愛的秘魯及他的教區。當選教宗的那一

* Jimenez, "Interview with Cardinal Robert Prevost."

天，當他首次頒布宗座遐福時，教宗良十四世特別以西班牙語（秘魯的官方語言）向他昔日的教區致意：

請允許我向大家說一句話、一句問候，尤其向我親愛的秘魯奇克拉約教區致意，那裡的忠信子民陪伴了他們的主教，分享了他們的信仰，作為忠於耶穌基督的教會，他們還要做許多，好能繼續前行。

6

傳教士之心

當教宗良十四世第一次走上聖伯多祿大殿的中央陽台時，所有認識他的人都知道，他們一定會聽到他說「傳教士」這個名詞。事實上，他們聽到了兩次：

我也要感謝所有樞機弟兄們，他們選了我擔任伯多祿繼承人，與你們一起同行，作為合一的教會，始終尋求和平、正義；作為忠於耶穌基督的男人和女人，始終努力、毫無畏懼地宣揚福音、成為傳教的門徒。

我是奧斯定會會士、聖奧斯定的傳人。這位聖人曾說：「為你們，我是主教；與你們在一起，我是基督徒。」在這層意義上，我們能夠一起行走，朝向天主為我們預備的家園邁進。

我向羅馬的教會致以特別的問候！我們必須一起設法成為一個傳教的教會，一個搭建橋梁、創造對話的教會，像這個廣場一樣永遠張開雙臂，接納所有人，也接納所有需要我們的愛德、我們的臨在、我們的對話和愛的人。

在所有良十四世曾經擔任過的職務中，從教師、到本堂神父、到主教，再到教宗，他最珍視的是「傳教士」這個身分，這也影響到他所做的其他每一件事。就在去年，良十四世對伊利諾州的一個堂區說：「當然，在我的傳教事工中，對我生命影響最深的，就是在秘魯的時光。」*

良十四世是自初期教會以來，第一位曾經當過傳教士的教宗。藉著這個與眾不同的事蹟，上主向教會清楚地傳達：現今，全體教會有一個特別的召叫，要成為這個「後基督世代」世界的傳教士。我們的傳教場域不再只是秘魯鄉下或荒蕪的芝加哥南區，而是整個世界——特別是昔日基督信仰世界的殘餘之地。

全球傳教場域

秘魯是個對比反差很大的地區：平原與高原、沙漠與雨林、富裕與貧困之間，盡是天壤之別。普雷沃斯特主教嫻熟地穿梭於這些反差之中，並成為一股跨越雙方的合一力量——這是根植於基督的合一，正如聖奧斯定所成為的。雖然人們在不同地方、不同時期，對物質的需求可能有所不同，連在靈

* Matthew McDonald, "Pope Leo XIV Is First Missionary to Become Pope in a Long, Long Time," 《全美天主教紀事報》，二〇二五年五月十四日、十九日刊登。

性上的需求也可能要以不同的方式來滿足，但他們最深切的渴求，他們最需要從牧者那裡得來的，就是耶穌。

這也讓我們看到另一種對比：秘魯與良十四世的母國——美國——之間的對比。雖然，美國也有貧困的、甚至赤貧的地區，但無法與秘魯的北部地區相比。在那裡，許多人（甚至可說是大部分人）都過著朝不保夕的生活。他們知道，一場水災、一次失業、一場經濟衰退、一季歉收、一個意外，都會讓他們失去所有的一切。這裡說的是物質上的一切。

由此，我們不難看到另一種對比，反映出美國比秘魯更貧窮的那一面。在秘魯，不用說，良十四世周遭盡是受苦之人，但圍繞著他的，也是堅強無比的信德：人們依靠與天主的超自然關係，而能超越苦難。在美國，良十四世過去看到、現在也仍然看到豐足富裕，但也看到極度嚴重的靈性匱乏。換句話說，他看到的這個文明世界，亟需一個傳教的教會。

「我們教會的本質就是傳教。」達尼爾・特利主教在接受《美國》雜誌訪問時說道：「我們的誕生是源於一個使命：『你們要去使萬民成為門徒，因父及子及聖神之名為他們授洗。』……一旦我們拋棄了這個使命，我們就不再是基督的教會。」*因此，從這些方面來看，雖然基督宗教與信德在富裕的西方世界衰退了，令人哀痛，但這也是一個契機與邀請——讓我們憶起並重振聖教會真正應有的模樣。

有些人臆測，這位傳教士教宗將著重在擴展所謂的「全球南方」（Global South）的傳教，也就是在非洲、亞洲以及其他發展中國家的傳教工作，因為那裡的教會正在跳躍式地成長。當然有可能如此，但良十四世所理解的「傳教的教會」，絕不會侷限於這些傳統領域。

他曾眼見教會在他的家鄉式微。他深知，芝加哥至少是一個與奇克拉約一樣的傳教場域。而在他的奧斯定靈修中，經歷了「深層秘魯」的考驗與淬

*Clarke, "A Missionary Pope."

鍊，他已然有了答案：在基督內合而為一。

擁抱奧跡

很多次（不是每一次，但是很多次）在新教宗選出後，先前關於秘密會議中政治角力的種種臆測，會看起來十分荒謬。因為一旦塵埃落定，就會覺得答案其實一直很明顯。這次的情況似乎也是如此。

參加秘密會議的樞機團中，對普世教會具有最多方面歷練的，當屬羅伯特．普雷沃斯特樞機。從美國中西部到秘魯北部，再到羅馬及其他地方，他以非常美好而獨特的各種方式與天主子民同行。

良十四世論及他自己的經驗時說：「認識到天主子民豐富的多元性有非常珍貴的益處，因為當我們應該伸出援手時，這能讓我們更細心地回應他們對我們的期盼。」他繼續說道：

世界上有許多不同的文化、不同的語言與不同的狀況，等待教會伸出援手。因此，當我們列出優先順序並衡量眼前的挑戰時，我們必須知道，無論哪種環境，不管是義大利、西班牙、美國、秘魯或中國的緊急狀況，我們幾乎可以肯定地說，它們都不相同，但只有一件事例外：基督要求我們去傳揚福音，這個終極的挑戰在任何地方都是一樣的。*

* Jimenez, "Interview with Cardinal Robert Prevost."

在任何地方都是一樣的。良十四世帶給二十一世紀教會的這個基本觀點，簡單卻絕對必要，而且無比深刻：無論何處，在每一種情境、每一種文化、每一個家庭及每一個鄉鎮，這個世界需要基督。

而且，沒有任何東西可以取代祂。在秘魯，良十四世必須應對的是：想要取代基督的政治與權力意識形態、傳統與混合的宗教信仰拒絕基督或不再重視祂，以及近年來手機及大眾傳播媒體幾乎侵佔了人類文明的每一個角落。在美國，良十四世同樣也要面對政治，但是其形式不同；同樣也要面對媒體的問題，只是其影響更深。除此之外，他還看到了財富、渙散與虛無——一種唯有在太過富裕的社會中才會產生的虛無意識形態。

情況不同，但解決之道相同——只是在應用上，需要因地制宜。在秘魯傳揚基督與在美國傳揚基督，表面上看起來不一樣，例如：在秘魯傳教很可能要配合物質援助；而在美國，我們可以從良十四世上任後不久的一些講話中揣測，傳揚基督應伴隨美學與奧蹟，這是化解反諷文化與科學至上的良方。

例如，教宗在即位第六天，接見天主教東方禮信徒時，曾說：

東方禮基督徒今天能為我們提供巨大的貢獻！我們亟需恢復仍在你們的禮儀中鮮活傳達的奧秘意識——那全人參與的聖祭，歌頌救恩之美，驚歎天主俯就卑微的奇蹟！特別是在西方教會，同樣至關重要的是重新發現以天主為尊的意義、基督奧跡的重要性，以及東方禮靈修特有的珍貴價值：持續代禱、克己補贖、齋戒禁食，為自身罪過與全人類的罪孽哀矜（penthos）。因此，重要的是，你們要維護你們的傳統，切不可為了追求一時可能的實用或方便而使之淡化，以免這些傳統被消費主義與功利主義的思維所腐蝕。＊

最後這句話特別指出：懇求傳統與奧跡不要被消費主義與功利主義所腐蝕。對良十四世而言，我們就應如此向世界，尤其是向那些拒絕耶穌的地方，重新宣揚基督。或者更準確地說，我們要拒絕那種四平八穩、被「消毒」、淡化的福音——那種基督只是一位具有魅力的聖人，而非天主子。

門徒最初宣認「耶穌基督是天主子」時，引起眾人的反感與憤怒，但經過幾個世紀後，這已被視為理所當然之事。那是個好現象，是教會成功的果

＊教宗良十四世接見參加禧年活動的天主教東方禮信徒（二〇二五年五月十四日）。

實。那是基督信仰的世界。但如今，它再度成了令人反感的主張，因此，以現代的眼光來看，它必會顯得奇特及奧秘，就如同半個世紀以前，第一批傳教士踏入秘魯時那樣奇特而奧妙。

傳教的教會

「在唯一的那位內，我們合而為一。」（*In illo Uno unum*）但這裡的「在」（*in*）是什麼意思呢？第一重意義，它意味著與基督共融，也就是與祂的教會共融。第二重、也是更根本的意義是，愛那唯一的天主——我們就是如此接受祂的邀請，藉著恩寵進入祂的生命。

而愛天主就必須愛祂的真理，也就是說，愛教會的教義。很明顯地，良十四世並不認為淡化教會永恆不變的教導，去迎合當代人的偏好，是通往合一的道路。事實上，這種做法反而會讓合一更加困難，因為這樣會造成天主子民的分歧，無法認同基督是誰、祂主張什麼。那就不是真正的合一，而只是一種表象。沒有任何跡象顯示，良十四世曾經追尋過這種虛偽的妥協。

因此，傳教士的任務——這個任務，也是我們所有人的任務——就是傳揚天主的愛與真理，並藉此擴展基督及其教會的共融。這是教會恆久的傳教使命，也是這位傳教士教宗特別召叫我們去從事的使命。

從這裡，我們看到了教宗方濟各與良十四世之間的延續——雖然他們的方式似乎大相逕庭（最明顯的是，良十四世喜歡採用傳統的教宗禮服、祝福……等等）。就在去年，那時的普雷沃斯特樞機曾說，正是由於他的傳教士背景，讓方濟各注意到他，而委派他負責聖座主教部：「他召叫我……因為他不想由羅馬教廷內部的人來擔任這個職位。他想要一位傳教士。他想要一位來自圈外的人。」*

然而，根據奇克拉約的一位奧斯定會修女所說，普雷沃斯特並不想重返

* McDonald, "Pope Leo XIV Is First Missionary."

羅馬。他愛秘魯，只想在這塊有強烈對比的美麗土地上做一位傳教士主教，與他的羊群在一起。瑪琳娜．吉斯貝修女告訴《全球修女報》，普雷沃斯特曾這樣表達心志：「我覺得自己是一位傳教士，不適合在羅馬。但我祈禱了，也許現在我該做的是在羅馬當一位傳教士，那裡也有一項需要完成的傳教使命。」*

要了解良十四世對教會、對基督奧體中每一位成員所懷有的憧憬，也許沒有一句比這更重要的話。是的，他喜歡在傳教區當傳教士。但每一處都是傳教區！

事實上，甚至羅馬也是傳教區。

* Guidos, "Few Know Pope Leo XIV like These Augustinian Sisters."

PART

3

羅馬：永恆之城

7

一位歷練豐富的教會人物

教宗良十四世在許多方面都創了先例：他是史上第一位美國籍教宗，也是自初期教會以來首位傳教士教宗。但他也與許多前任教宗一樣，是一位天主教會體制內的人物。

過了聖伯多祿廣場南側的列柱，也就是梵蒂岡城的邊界上，有一條長僅幾百英尺的短街，連接了天主教會的神經中樞與羅馬的一條主要幹道。這條小路叫做「聖烏菲茲廣場」（Piazza del Sant'Uffizio）或「聖部廣場」（Holy

Office Square）。良十四世在羅馬的許多年，大部分時間都是住在這裡。

聖烏菲茲廣場的東側是奧斯定會的國際總部，包括宿舍、辦公室、一所隱修院、宗座教父學奧斯定學院（Pontifical Patristic Institute, the Augustinianu，是一所專門研究教父學的神學院）以及聖莫尼加小堂。良十四世就任教宗才五天，就前往這裡探望他的修會弟兄，並舉行彌撒。他對這棟建築非常熟悉，因為他在天使大學進修時就住在這裡，這也是他擔任奧斯定會總會長十二年期間的辦公室和居所。

「聖烏菲茲廣場」這條街的名字，就是取自它西側的建築「聖烏菲茲宮」（Palazzo del Sant’Uffizio）或稱「聖部宮」（Palace of the Holy Office）。這裡是教義部的總部，該部門負責維護、闡述及釐清教會教導。這個部門或教廷的辦公室在歷史上曾多次改名，包括：聖部（Holy Office）以及信理部（Congregation for the Doctrine of the Faith）。這個部門的辦公室在一座大宮殿式的建築內，位於梵蒂岡的入口，緊鄰聖伯多祿大殿南側，也靠近著名的保祿六世大廳（Paul VI Hall），教宗有時會在此舉行公開接見活動。現在這是一棟多用途的建築，包括作為一些梵蒂岡官員的宿舍，其中一位官員是主教部的部長，羅伯特・方濟各・普雷沃斯特樞機。

這樣一位總是被譽為腳踏實地的人，在羅馬有如此穩固的家，可謂相稱得宜。更進一步說，他跨越聖烏菲茲廣場兩側，讓人想起他自身所橫跨的世界：美國與秘魯，牧者、傳教士與行政主管，教會與世界。另外也非常適得其所的是，他曾實際住在聖伯多祿大殿的影子之下，並在聖伯多祿廣場的視野之中，而這兩處後來有一天將會成為他自己所在之處。

在這裡，我們再次看見「合一與愛德」這個主題：良十四世為世人所做的工作，無論是靈性上的事工，還是物質層面的服務，唯有建立在對天主的愛之上，才有價值。儘管他原本更願意繼續在他認同為第二故鄉的秘魯服事，但天主與祂的教會召叫他，將這種傳教的精神帶到永恆之城的普世教會中。

蒙召來到羅馬

良十四世與羅馬的淵源可以追溯到一九八二年。當時，他所屬的奧斯定會的會長看出他的才華，派他前往羅馬著名的宗座聖多瑪斯大學（通稱的天使大學）繼續深造。一九八四年，取得教會法碩士學位後，他得以在教會法庭中擔任各種職務。但他與羅馬的淵源不只如此：一九八五到一九八六年，在他首次到秘魯傳教之後，普雷沃斯特神父於一九八七年完成了在天使大學的教會法博士學位。

在天使大學進修並研究這樣的課題，顯示出他不僅具備聰明才智，更是條理分明、心思縝密。在他一生中，良十四世的師長與朋友都覺察到：他兼具傳教士的愛心與教授的智識，他不只是深諳理論的教授，也是身體力行的傳教士。因此，理所當然地，他的博士論文與奧斯定會的實務有關——〈奧斯定會地方會院院長的職責與權限〉。

此後，他竭力運用他的教會法學識，包括在秘魯特魯希略的修院任教。他的法律專業在秘魯主教團擬定性侵案件的處理規程時，以及在他擔任奧斯定會總會長期間，都發揮了關鍵性的作用。

一九九八年，良十四世首次在他的修會中擔任重要的領導職務，被任命為奧斯定會中西部的善導之母省會長。為此，他從特魯希略調回芝加哥郊區，不過因為該職務也包括該會省的傳教區，他必須經常往返兩地。二〇〇一年，他當選為國際奧斯定會總會長，並連任兩屆，每屆六年。

作為總會長，良十四世領導將近三千位奧斯定會的修士與修女，在散佈全球四十七個國家的數十類機構，包括中學、大學、隱修院、堂區、傳教區……等地服務。因此，他接觸到世界各地無數的文化與環境。根據天主教新聞社（Catholic News Agency）的報導，除了秘魯之外，良十四世還造訪過澳洲、剛果民主共和國、印度、印尼、肯亞、奈及利亞、菲律賓、南韓與坦尚尼亞等地。

除了英語及西班牙語外，他也能說流利的義大利語、法語，以及葡萄牙語。他也會秘魯原住民的蓋楚瓦語（Quechua）以及拉丁文——全世界的人都看見，他在當選後的第一個主日站在聖伯多祿大殿的陽台上，吟唱拉丁文的〈天皇后喜樂經〉（Regina Coeli）。

領導一個國際性的修會是一項極其艱鉅的任務。奧斯定會士發的服從願，賦予總會長權柄，除了帶領數千會士的生活外，也要處理龐大而複雜的財務與行政業務，如同每一個全球大型組織所必須面對的。然而，值得一提的是，美國東部的聖多默·維拉諾瓦會省的前會長唐納·瑞利神父（Fr.

Donald Reilly）表示，普雷沃斯特神父贏得了所有與他共事之人的尊敬，不知道他是如何做到的，儘管十二年間他做過許多困難的決定，卻沒有任何一位會士感到遭受不公平的待遇。

在那些年間，這位總會長有一項特別感傷又棘手的任務：由於長期以來修會人數減少，必須合併會省及停止某些傳道工作。瑞利神父所描述的，也是許多曾與良十四世共事之人的看法，良十四世的審議方式非常有效，雖然未必能達成共識，但至少能讓人心服口服，接受他的最終決定。

良十四世會先聆聽每一位成員的發言，用心了解他們的想法。然後，他會綜合他所聽到的與所了解的，再用他自己的言語向大家顯示他真正理解他們的立場與顧慮。如此，每個人不僅感覺他們的聲音被聽到，更知道他們的意見被聽到。接著，當十分果斷的良十四世作出最後決定時，必定是在充分理解所有可得資訊並綜合各方觀點之後才下的判斷。而所有參與者也做好了向前邁進的準備。

教宗良十四世當選後，在羅馬的宗座北美學院（Pontifical North American College）舉行的記者會上，剛參與完選舉的美國樞機們分享了他們對新教宗的看法。紐澤西州紐瓦克（Newark）總教區的若瑟・托賓樞機（Cardinal Joseph W. Tobin）說，他認識這位新教宗已三十年，一九九〇年代末到二〇〇〇年代初，他們兩人都在羅馬，那時托賓是贖世主會（Redemptorists）的總會長，普雷沃斯特神父是奧斯定會的總會長。托賓樞機也曾在主教部服務，與時任主教部部長的羅伯特・普雷沃斯特樞機共事。

托賓樞機形容新教宗的領導風格時說：「我不認為他是那種喜歡挑起衝突的人，但如果理由正當，他也絕不會退讓。最後，我想，關於羅伯特我只有一句話：他真的是一位傾聽之後才採取行動的人。」＊

我們不難看出，這種所謂「共議精神」或「同道偕行」（synodality）的

＊Cindy Wooden, "Unity, Not Nationality Led to Pope Leo's Election, U.S. Cardinals Say," USCCB，二〇二五年五月九日、十九日登入，網址：https://pse.is/7w8kbj

模式，是同時以民主的方式傾聽眾人意見，但以等級制度的方式做出決策。這種共議模式尊重每個人，包括教會中靈性領袖的特殊角色。

普雷沃斯特神父擔任總會長時，教會正遭受從二〇〇二年就已經開始的性侵醜聞風暴。據知，他採取了主動措施，雖然當時修會還沒有像教區那樣被社會放大檢視，但他沒有姑息漠視這個問題。瑞利神父回憶說，教宗良十四世與社會的專業人士合作，制定了一套安全與通報機制，這個機制同時也尊重奧斯定會生活與靈修的共融特質。

一次令人難忘的發言

普雷沃斯特神父擔任奧斯定會總會長的第二任期間，教宗本篤十六世召開了以「新福傳」為主題的世界主教會議，旨在探討教會如何再度向遠離信仰的人宣講基督。在一次會議中，普雷沃斯特神父發表了一篇令人耳目一新的反思：大眾傳播媒體如何與基督信仰的訊息競爭，最後以世俗主義、消費主義和敗壞的道德來取代基督信仰。以下是他那次完整的發言內容：

西方的大眾傳播媒體非常擅長誘導民眾，去深深地同情那些相反於福音的信念與行為——例如墮胎、同性戀的生活方式、安樂死……等等。在倫理的議題上，如果宗教沒有積極反對媒體所擁護的立場，傳播媒體充其量只是將宗教視為迂腐的冬烘而不屑一顧。然而，一旦宗教積極反對這些立場，傳播媒體便會將矛頭指向宗教，為其貼上意識形態的標籤，指責其漠視當代人所謂的「基本需求」。

傳播媒體非常巧妙地向大眾灌輸一種觀點：違背基督信仰的生活方式是值得同情、可被理解的選擇。因此，當人們接觸到基督信仰訊息時，往往不自覺地認為，比起反基督立場、充滿慈悲假象的媒體，基督信仰才是一種冷酷無情的意識形態。宣講反對墮胎合法化或反對改變婚姻定義的天主教牧者，常常被描繪成僵化、冷漠、偏執的意識形態捍衛者。但這樣的形象並不來自他們的言行本身，而是因聽眾將他們的說法與媒體塑造的、以同情和關懷口吻呈現的弱勢群體之假象做比較，而以為那些面臨道德困境的人所做的，只是一個看似健康又良善的選擇。

舉例來說，我們不難看出現在的電視節目與電影，是如何溫馨、柔美地呈現同性伴侶與其收養子女所組成的另類家庭。如果我們期望「新福傳」成功地對抗大眾傳播媒體對宗教與倫理事實的扭曲，牧者、宣講者、學校教師，以及天主教教理老師就必須更加深入地了解，我們現在所處的福傳環境是被大眾傳播媒體主導的世界。

教父們曾經強而有力地反駁當時瀰漫整個羅馬帝國，由非基督與反基督的文學與巧辯在人們心中所塑造的宗教與倫理假象。聖奧斯定的《懺悔錄》，以那顆「不能安息的心」（*cor inquietum*）為其中心意象，深刻地影響了西方世界的基督徒與非基督徒如何重新思考宗教皈依的歷程。在他的《天主之城》中，奧斯定以一個亞歷山大大帝與被俘海盜對話的故事，諷刺了羅馬帝國所自詡的道德合法性。

教父們，包括金口聖若望（John Chrysostom）、聖安波羅修、教宗大聖良一世，以及聖額我略尼沙主教（Gregory of Nyssa），他們是「偉大宣講者」的名聲，勝過他們是「偉大修辭學家」的名聲，但他們成為偉大的宣講者，是因為他們先成為偉大的修辭學家。換言之，他們的福傳之所以成功，大部分是由於他們深諳最符合當代社會的溝通基礎。因此，他們非常精確地了解當時的世俗權力中心如何操控民眾對宗教與倫理的思維。

尤有甚者，教會不應抱著一種妄想，以為將神聖的禮儀轉變為精彩的表演，就能與現代大眾傳播媒體一爭長短。關於此點，教父們，例如特土良（Tertullian）的教導，仍可作為我們今日的警惕：精彩的表演屬於塵世（saeculum）的領域，而我們的正確使命是要引導人們進入奧蹟的本質，以對抗精彩表演的誘惑。因此，在今日的世界進行福傳，必須找到合宜適當的方法，將公眾的注意力從精彩的表演轉移到奧蹟。

雖然大多數世俗媒體將注意力集中在普雷沃斯特神父講話開頭那段，也就是他表示不贊同「同性戀的生活型態」的部分，但這些關注卻忽略了他演講中最發人深省的部分：他深入反思了現代大眾傳播媒體與耶穌基督福音宣講之間的關係。他提出，教會應該回到根源，回顧那些偉大的早期宣講者，如聖安波羅修與聖奧斯定，他們曾接受當時最先進的學問——修辭學——的訓練，使他們成為更出色的講道者。作為一門研究溝通與說服的學問，修辭學的價值至今依然歷久彌新。

這位未來的教宗與眾不同地勸誡教會，不要試圖以世俗媒體本身的方式與其競爭，而要走出一條符合基督訊息以及基督本身的不同道路。也就是說，不是「精彩的表演」，而是「奧蹟」。正如我們已經看到的，教宗良十四世在就任後不久的一次演講中，再次回顧了這個主題。當他在對天主教東方禮的領袖講話時，強調要維護他們的靈修與禮儀傳統。

普雷沃斯特神父這場演講的題目是〈新福傳的反文化性〉（The Counterculture of the New Evangelization），再次鮮明地顯示出，他是一位絕不願與現代世俗主義妥協的人。反之，他將當代文明，特別是西方社會，視為傳教的場域。

當選教宗後數日，在會晤媒體代表時，他再次強調了這一點。他感謝新聞媒體在教宗出缺期間所做的辛勞報導，隨後談到了在當代世界中傳播福音的挑戰：

當前，我們共同面臨的一大挑戰，是推動一種能帶領人類走出「巴貝耳塔」（巴別塔）的溝通方式——擺脫混亂、無愛、充滿意識形態與分裂的語言環境。於此背景下，你們的使命尤其重要：你們所選用的語言與傳播風格，具有深遠的影響力。

正如你們所知，傳播不僅是資訊的傳遞，更關乎文化的塑造，以及建構能容納對話與討論的數位與人文環境。面對日益迅速的科技發展，這項使命更顯迫切。我尤其想到人工智能，其潛能無窮，卻也需要以責任與辨識力來加以使用，方能確保其造福整體人類。這份責任與我們的年齡、地位無關，而是所有人的共同責任。*

羅馬的使命

在完成奧斯定會總會長的十二年任期後，良十四世返回芝加哥，但不久

*教宗良十四世與報導選舉教宗期間的媒體代表會晤致辭全文（二〇二五年五月十二日）。

後又被教宗方濟各派往奇克拉約。二〇二三年，他又再度被召回羅馬，這次就成為永久的遷移了。

在此之前，方濟各已顯示出期望這位未來的教宗將在羅馬擔任更重要的職責。二〇一九年，教宗任命他為聖職部（Congregation for the Clergy）成員，翌年，他又加入了主教部（Congregation for Bishops）*。這個任命讓這位秘魯主教得到一些羅馬教廷的梵蒂岡行政體系經驗。

二〇二三年四月，教宗方濟各請他出任主教部部長時，他並不想要離開秘魯。但如我們已經看到的，他確切地感到這是上主賦予他的新福傳場域。這份工作也是職等的晉升：二〇二三年九月，方濟各擢升良十四世為樞機。梵蒂岡的聖部首長通常是樞機等級。

起初，按教廷成員被任命為樞機的常規，普雷沃斯特被擢升為執事級樞機，領銜羅馬的聖莫尼加堂。二〇二五年初，他榮升為阿爾巴諾（Albano）

*二〇二二年所有教廷部門的名稱由Congregation改為Dicastery。

教區的主教級樞機。雖然他才加入樞機團不到兩年，便已成為最高階的樞機之一，顯示出教宗方濟各對這位部長的敬重與信任。

作為主教部部長，良十四世的職責是督率五千多個教區及其他教會轄區的領導統御。他負責的業務從現任主教的培訓及在職進修，到這份工作最被外界看見的部分：向教宗建議全球大部分教區的主教任命（某些主教的任命是由其他宗座聖部負責，例如萬民福音傳播部〔Dicastery for the Evangelization of Peoples〕負責教會廣大的傳教區）。因此，這個職務常常需要了解教宗工作計畫的優先順序，並幫助他實現這些目標。

在教會的制度運作中，有時很難將某項決定歸於某一個特定的人（當然，除了教宗本人之外）。有時，即使是聖部的部長也可能被繞過，或是他的決定被推翻。雖然有些觀察家將各種不同任命的讚譽（或批評）指向當時在方濟各屬下的普雷沃斯特樞機，但我們不要忘記，正如他在談到自己工作時經常強調的：教宗，也唯獨教宗，握有最終的決定權。

作為部長，良十四世的責任範圍遠超出美國。在這個職位上他建立了人際關係，也得到教會行政管理方面紮實的教育，運用並補足了他的美國背景與在秘魯的歷練。正是由於這一切，引起樞機選舉人團的注意，他獲選為下一任教宗。

8

秘密會議

二〇二五二月十四日，教宗方濟各因感冒引發呼吸困難，被送往金美利醫院（Gemelli Hospital）住院治療。接下來的幾天，他的病情惡化，雙肺開始出現肺炎。教宗的病情最終未能好轉。

三月二十三日，被送回梵蒂岡的聖瑪爾大之家（Casa Santa Marta）後，教宗方濟各公開露面過幾次，但他的聲音仍未完全恢復，身體也相當虛弱。他最後一次公開露面是在復活主日，他在聖伯多祿大殿的中央陽台按傳統頒賜宗座遐福〈致羅馬城及全世界〉。

接下來的幾個小時，他的病情再次惡化，慟於四月二十一日清晨，六時三十分左右，因中風及呼吸衰竭辭世。

教宗方濟各離世後，教會進入「宗座出缺期」。在此伯多祿宗座懸缺的過度時期，教會事務委由樞機團運作及管理。喪禮及隨後秘密會議的日常籌備工作，則由聖教會總司庫（Camerlengo），美籍愛爾蘭裔的凱文・法雷爾樞機（Cardinal Kevin Farrell）負責。

近年來，由於教宗方濟各的健康明顯地逐漸惡化，外界對於繼任者的猜測也逐漸升溫。關於「教宗的熱門人選」——最有可能成為下一任教宗的樞機——的討論，是教會長期以來一直存在的人性的一面。從二月十四日教宗方濟各住院開始，討論這類話題的聲量更大了。

教宗去世後，從開始的哀悼日、教宗的殯葬、九日敬禮（novendiales，殯葬後正式的九天哀禱期），到每天在梵蒂岡舉行的「樞機團全體會議」（General Congregations）都會引起許多揣測。媒體關注的焦點集中在可能浮現或被排除的人選，因為樞機們終於有機會彼此評估與深入了解。

樞機團全體會議對為其後召開的秘密會議而言，具有格外重要的意義，因為在此之前，許多樞機團的成員彼此之間並不認識。教宗方濟各不常將全體樞機召集來羅馬聚會。二〇一五年，他曾召集樞機討論教廷（亦即梵蒂岡）行政體系的改革，但討論的重心很快失焦，而糾纏在當時剛召開的關於家庭議題的主教會議，以及允許離婚後，未經婚姻無效判決（annulment）就再婚的教友領受聖體的提議。

教宗方濟各直到二〇二二年才再次召集樞機們回羅馬，但那次會議的議程控制得非常緊密。樞機們的主要活動是參加關於教廷體制改革的講座，沒有很多機會彼此交流。再則，方濟各在教宗任內，除了二〇二一年凝於新冠疫情外，每一年都任命了新樞機，其中許多是來自世界各地偏遠的地區。

因此，有些樞機呼籲，應盡量將秘密會議的開始日期延後，直到教會法規允許的「宗座出缺期」最長的日子之後。這些規定都見於聖若望保祿二世於一九九六年頒布的宗座憲令〈上主的全體羊群〉（Universi dominici gregis），之後的兩位繼任教宗基本上也沒有做過任何變更。其他樞機則希望儘早開始進入秘密會議。最後，樞機們全體議決，將在教會法規所允許的第二天開始。

步上高峰

秘密會議召開前的樞機團全體會議，旨在聆聽並坦誠討論兩個廣泛的問題：教會面臨的重大挑戰，以及能夠領導教會去面對這些挑戰的理想人選條件。到了五月六日，秘密會議開始前一天，第十二次樞機團全體會議時，樞機們已就多項議題進行過廣泛的討論，聖座新聞室的簡報與官方聲明也指出了陸續浮出的幾項關鍵議題及其優先順序。ACI 新聞社（ACI Stampa）駐梵蒂岡記者馬可・曼奇尼（Marco Mancini）的報導*指出，這些議題包括：

1. 教會法的重要性
2. 教會內的多元族群
3. 共議與共融的教會論
4. 一位願意與世界對話的牧靈教宗，教會的傳教使命，窮人的角色
5. 更加關注羅馬教廷的角色
6. 追求和平
7. 對之前三任教宗的「延續的詮釋」（Hermeneutics of Continuity）

* Marco Mancini, "7 Priorities for the Next Pope, According to the Cardinals"《全美天主教紀事報》網頁，二〇二五年五月七日、十九日登入，網址：https://pse.is/7w8kgx

從這些議題的類別來看，樞機們對教宗方濟各十二年任內的措施做了嚴謹的評注。其中有一項是批判方濟各切斷了教會內治理權與聖秩之間的連結關係。根據耶穌會的《美國》雜誌報導，八十三歲、無選舉權的本雅明・斯泰拉樞機（Cardinal Beniamino Stella）在四月三十日第七次樞機團全體會議中指責教宗方濟各「將自己的意見強加於」教會的治理上，尤其是任命沒有領受聖秩的男性及女性擔任教廷的管理職務。雖然這番言論在媒體上引發了短暫的激烈爭議，有人指責斯泰拉背叛了提拔他為樞機的方濟各，然而後續的討論推翻了樞機們想要選一位已故教宗翻版的假設。

不可否認的是，進入西斯汀聖堂的一百三十三位樞機選舉人中，有一百零八位是教宗方濟各任命的，但這個團體遠比許多專家預期的更加多元、更少意識形態，而且更難以預測。來自七十一個國家、有選舉權的樞機中，有二十多位是來自首次有樞機的國家。他們所關注的，很難歸納於西方媒體所界定的類別。

如同歷屆秘密會議一樣，媒體上流傳著一些人選名單，少數熱門人選或被看好的黑馬也逐漸浮上檯面。這些人包括：義大利籍的聖座國務卿伯多祿・帕羅林樞機（Cardinal Pietro Parolin）與博洛尼亞總主教馬特奧・祖皮（Cardinal Matteo Zuppi）、菲律賓籍的福音傳播部代理部長塔格萊樞機（Cardinal Luis Tagle）、西班牙籍的摩洛哥拉巴特總主教洛佩斯樞機（Cardinal Cristobal Lopez Romero, S.D.B.）、義大利裔的耶路撒冷拉丁禮宗主教皮扎巴拉樞機（Cardinal Pierbattista Pizzaballa）、法國馬賽總主教阿弗蘭樞機（Cardinal Jean-Marc Aveline），以及在所謂「保守派」選舉人中，最具人氣的匈牙利主教埃爾多樞機（Cardinal Peter Erdő）。

樞機團全體會議開始後不久，還有其他幾位人選以「黑馬」的姿態浮現。然而，其中只有一位始終被媒體看好、事後我們知道他在樞機之間的評價也不遑多讓的人選，就是：羅伯特．方濟各．普雷沃斯特樞機。

普雷沃斯特的興起並非由於媒體的炒作。事實上，他曾被公開提及過是可能的教宗人選，但他很容易被人忽略，因為他是美國人，這是傳統視為不可碰觸的禁忌。確實，一般相信，樞機團不可能會選一位出生於美國的樞機，讓一位世界超級強權國家的公民來當教宗。

然而，他的名字依舊在樞機間傳開。

到了五月七日秘密會議開幕時，有一群樞機選舉人已經形成共識，擁護普雷沃斯特為候選人。雖然我們無法確知（也很可能永遠無法得知）在西斯汀聖堂內舉行的四輪投票的實際進展狀況，但普雷沃斯特在一開始就已經獲得穩定的支持，並且在接下來的選舉中很快就獲得更多的票數，最後在第四輪，也就是五月八日下午的第一次投票中，獲得當選所需的三分之二多數票。

據說，開票時，普雷沃斯特達到所需的八十九位樞機的票後，票數仍然繼續不斷增加，最終在一百三十三張選票中，得到超過一百票的支持。此時，秘密會議中最資深的帕羅林樞機徵詢他的意見：「你是否接受按教會法獲選的教宗職位？」他回答說：「接受。」接著，他又被問道：「你希望被稱為什麼名字？」他的答案讓許多樞機大感驚訝：「良十四世。」

從羅伯特到良十四世

這位美國奧斯定會的傳教士如何贏得秘密會議的支持？從紐約總主教杜蘭樞機在秘密會議之後為《紐約郵報》撰寫的一篇評論中，我們可以略窺一二。他寫道：

> 教宗方濟各離開我們已經兩個多星期了，我們仍深感哀傷。但在過去

的十七天中，我和我的樞機弟兄們每天都見面，討論我們從各自的觀點所看到教會的強項、我們繼續面臨的挑戰，以及我們需要什麼樣的人來帶領我們。

在這些長時間的會議中，眾人休息喝咖啡時，或在吃午餐和晚餐的時候，常有其他樞機會問我：「跟我說一些普雷沃斯特樞機的事吧。他是怎樣的一個人？」

我只能這樣回答：坦白說，我並不認識他。當然，我聽說過他，而且我聽到的內容給我留下了深刻的印象。他是個有些害羞、但是善於傾聽的人，能說多種語言，在拉丁美洲有廣泛的牧職經驗，曾經擔任過他們修會的總會長。最後一點，這幾年他在羅馬工作，熟悉羅馬教廷的運作。

「他會議主持得很好。」有位樞機這麼說。

這是個不錯的讚美，因為我們大多數人都不怎麼會主持！

另一位樞機補充說：「他會注意聽每個人要說什麼，但在必要時，他也能果斷地下決定。」

還有一位說：「他非常關愛窮人。」*

杜蘭樞機補充說，在與普雷沃斯特樞機短暫相處後，對他的印象非常好。而且，不只是他這樣覺得。

樞機團全體會議在評估要如何投票時，確定了兩個標準。第一個關鍵標準是新教宗會如何處理教會面對的重大問題。對於樞機團全體會議指出的問題，候選人是否能做出令人信服的回應？

第二個標準與第一項相關，但也有其本身的關鍵性：新教宗是否有能力消弭並整合在教宗方濟各任內及之後，教會內部明顯呈現的分歧——樞機團本身就是明顯的例子。這關係到「延續」的問題，也就是說，新教宗是否會

* Timothy Cardinal Dolan, "Cardinal Dolan Reveals How Pope Leo XIV 'Impressed' Him at the Conclave-and Predicts What Kind of Pontiff He Will Be," New York Post，二〇二五年五月十日、十九日刊登。

在「同道偕行」等關鍵議題上積極推動、延續方濟各的方針，或是會大幅偏離方濟各的路線，抑或是在兩者之間尋找一條中間道路——在引領教會前行的同時，不僅要延續教宗方濟各，更要承繼所有近代、特別是梵蒂岡第二次大公會議（一九六二至一九六五年）之後所有教宗們的傳統。

回顧樞機團全體會議所討論的議題，普雷沃斯特樞機的經驗與性格幾乎完全符合每一項。他是教會法的學者，能幫助釐清已故的教宗方濟各新立的或改革的諸多教會法案所帶來的模糊與不確定之處。他在教會服事多年，尤其是在拉丁美洲與奧斯定會總會長的職務上的歷練，使他能深刻體認教會真正的多元性，同時，他也堅定地持守他的主教格言：在基督內合一。

他支持同道偕行，但要以循序漸進的審慎方式。他深刻了解教會傳教使命的本質。他對教廷有透徹的了解，知道教廷需要良好的治理。他善於傾聽並凝聚共識，以達到真正的和平。他曾在不同教宗的屬下任職，因此深知

「延續」的重要。

但是他的美國背景仍是一個問題。雖然羅伯特・普雷沃斯特是在美國出生，但樞機們知道，他不僅已離開母國數十年，他還擁有美國與秘魯的雙重國籍。除了是本土出生的美國公民外，良十四世同時也是秘魯的歸化公民，這是依據秘魯與教廷的政教協議（concordat）授予所有天主教主教的榮譽。此外，作為在羅馬服務的樞機，他也持有梵蒂岡護照，而擁有傳統上所謂的「功能性國籍」（functional citizenship）。

他熱愛秘魯，他搭建了連接南、北美洲的橋梁，也有潛能搭建美國與羅馬之間的橋梁。也由於他對教會內部棘手問題抱持關切的態度，循序漸進地審慎處理，而能在樞機之間搭建超越意識形態隔閡的橋梁。

最終，普雷沃斯特樞機是來自美國這一事實，對樞機選舉人的投票決定幾乎沒有任何影響。秘密會議後，在羅馬的宗座北美學院舉行的記者會上，美國的樞機們被問到，新教宗良十四世的出生地對此次選舉的影響。

華盛頓總主教麥克爾羅伊樞機（Cardinal Robert McElroy）表示，令人訝異的是，這件事沒有成為一個關鍵問題。他說：「我認為，他是美國人這件事在秘密會議的討論中幾乎無足輕重，這真是出乎意料。」加爾維斯頓—休士頓（Galveston-Houston）榮休總主教丹尼爾．迪納爾多樞機（Cardinal Daniel DiNardo）補充說：「他實是世界的公民，他大半的生命、牧職、傳教士工作，以及對基督的熱忱，都奉獻在南美洲。」*

普雷沃斯特樞機被選為教宗，是因為大多數樞機選舉人認為他最有資格成為聖伯多祿的第二百六十六任繼承者。他並非是在妥協下產生的候選人，而是出於一個共識：他是教會當前最需要的人。

選後第二天，新當選的良十四世向樞機們表達了他由衷的感謝：

* Wooden, “Unity, Not Nationality”

親愛的樞機們，諸位是教宗最親密的合作者。這一事實在我接受這個明顯超越我個人，或我們任何一個人，能夠單獨承擔的重擔時，成為我莫大的安慰。諸位的臨在提醒了我，主既將這使命託付於我，必不會讓我孤獨地承擔這份重責大任。＊

面對此一重責大任，良十四世將會特別仰賴扶持他走過整個生命與牧職生涯的聖奧斯定與奧斯定會的靈修傳統。這一點可以從他多次引用一段他偉大前輩的名言中看出。在這段話中，聖奧斯定坦承他作為一名靈性領袖的恐懼與軟弱，但他信賴他與他的羊群在耶穌基督內同為一體。教宗良十四世以此作為他自己的靈性領導典範：

如果說我是「為」你們，我會害怕；但若說我「與」你們在一起，我

＊教宗良十四世與樞機團會晤講話（二〇二五年五月十日）。

會感到安慰。「為」你們，我是主教；「與」你們在一起，我是基督徒。前者是負擔，後者是恩寵。前者有潛在的危險，後者有救恩的存在。

——聖奧斯定《講道集》，第340篇

結語

一個新的教宗良時代

名字有什麼含義？

在〈創世紀〉中，亞當及厄娃（夏娃）被賦予了為所有動物命名的權柄，象徵他們要管理天主造的其他生物。當父母為子女命名時，賦予他們第一個身分。有些父母選的名字，例如聖人的名字，顯示出父母對這孩子未來的期許。

每位教宗都要選他自己的名號——但不是單憑他自己。

正如樞機們在秘密會議上對聖神作出回應一樣（即使他們沒有完全意識到自己是如何做到的），新教宗在取名號時，也同樣會與聖神互動來選擇名號。也可能是聖神把一位正好會選擇「良」的合適之人帶給了教會。無論如何，他都會選擇這個名號。

不管怎麼說，天主、聖教會，以及基督在世的代表，開啟了一個新的教宗良的時代，是要告訴我們一些關於這個時代的重大訊息。

一個偉大的傳統

有很多評論（包括本書中的內容）討論良十四世的前一任以「良」為名號的教宗——良十三世，這位新的教宗良也曾多次直接引述良十三世的話語，但是，我們不應忽略第一位以「良」為名號的教宗，後世每一位以「良」為名號的教宗，都是承繼著他的傳統。

教宗聖良一世（St. Leo I）也被稱為大聖良一世（Leo the Great），是教會歷史上最重要的教宗之一，教宗本篤十六世也如此讚譽他。今日，他最為人津津樂道的事蹟是在西元四五二年，他親自出羅馬城，會見那位入侵義大利、並揮兵直逼「永恆之城」的匈奴王阿提拉（Attila）。雖然我們無法知道良與阿提拉說了什麼，但我們知道，結果是這位征服者偃旗息鼓，離開了義大利半島。這位被稱為「天主之鞭」、令人聞風喪膽的匈奴首領，不久後便去世了。

然而，良一世最偉大的成就是在神學方面。他在確立基督具備完全人性與完全神性的「兩性一位」（"hypostatic union"）教義上扮演了關鍵角色——這個複雜的概念，不在我們這裡討論的範圍。我們或許難以將自己置身於五世紀的思維模式中，但在那個時代，有關基督本性的爭論撼動了剛萌芽的基督信仰世界，哪一種理論最後將會勝出，仍混沌不明。

良一世在四五一年寫給加采東大公會議（Council of Chalcedon）的書函內容十分精闢，最重要的是，它是真理，奠定了教會直至今日的基督論教義。因此，他被尊為「教會聖師」（Doctor of the Church）——除他之外，歷任教宗中，只有聖額我略一世（St. Gregory the Great）享此殊榮。大聖良一世也確立了羅馬主教作為教宗，在普世教會中的首席地位。此一確立，延續至今，及至永遠。

在這個偉大傳統中，一八七八年二月，若亞敬・貝齊樞機（Gioacchino Pecci）以良十三世作為他的教宗名號。良十四世有意效法良十三世，將教會的社會訓導應用於當代的科技、經濟與社會變革：當年是工業時代，如今是數位時代。

二〇二五年五月十七日，教宗良十四世在梵蒂岡接見「支持教宗百年通諭基金會」（Centesimus Annus Pro Pontifice）的成員，在對與會者的講話中，探討到天主教社會訓導在面對當今世界的挑戰所扮演的中心角色時，他既忠於良十三世的《新事通諭》，也承繼了梵蒂岡第二次大公會議的精神。「我邀請你們……」他對在場的團體如此說道，但他的聲音卻彷彿是在向整個教會發言：

在社會發生巨變的時代，我邀請你們縝密地研究和省思，發揮創意，積極地與天主子民一起促使教會社會訓導發展。通過細心聆聽和樂意對話的態度，傾聽每一個人，與所有人對話。

今天，人們普遍渴望正義，他們渴望父愛和母愛，對靈性有著深深的渴求——尤其是年輕人和被邊緣化的群體，他們並不總能找到有效的方式來表達自己。對於天主教社會訓導的需求正在不斷增長，我們必須對此作出回應。*

*教宗良十四世接見支持教宗百年通諭基金會：應當為窮人發聲（二〇二五年五月十七日）。

這位新任的教宗良，就像良十三世一樣，免不了會不時惹怒各個政治黨派與各種意識形態陣營，因為他堅持維護永恆的基督思想，超越我們當代所有的分類。但是這兩位教宗之間的共鳴不只於此，良十四世似乎也準備好要延續他前任的傳統。

例如，良十三世大力推行振興研讀與弘揚聖多瑪斯・阿奎納（St. Thomas Aquinas）神學的風氣。復興多瑪斯的傳統延續至今，使多瑪斯成為教會史上最受推崇的神學家之一。良十三世創立了宗座聖多瑪斯研究院（Pontifical Academy of St. Thomas Aquinas）以及宗座聖多瑪斯大學的哲學系及教會法學系。將近一個世紀以後，良十四世正是在聖多瑪斯大學取得了教會法博士學位。

正如神學家詹姆斯・史密斯（James K.A. Smith）在《美國》雜誌上指出的，雖然我們不確定，但很可能發生的是，教宗良十四世將致力推廣有

「恩寵聖師」之稱的聖奧斯定，如同良十三世對聖多瑪斯所做的那樣。新任的教宗良已經多次在講話中援引聖奧斯定的思想，也曾訪問過奧斯定會，與他的修會弟兄們會晤。

事實上，正如良十三世的時代需要聖多瑪斯的嚴謹與廣博，今日的世界或許更需要聖奧斯定的人性與深度，特別是他的共融神學。正如史密斯博士所言：「我不確定此時這個世界是否還需要我們去解析艱深晦澀的形而上學。我認為，世界需要聽到的是：天主走近破碎的心，犧牲祂自己的身體來滿足我們的渴望。」*

還有一件與良十三世有關的事，或許對良十四世有重要的意義。在今日這個世界，尤其是在西方社會，迷信與神秘主義又捲土重來，而我們卻在越來越多的教堂中聽到人們誦念良十三世撰寫的那篇鏗鏘有力、文辭優美的〈向聖彌額爾總領天使祈禱文〉。

* James K.A. Smith, "What to Expect from an Augustinian Pope," *America* 二〇二五年五月十二日，十九日登入，網址：https://pse.is/7w8ks3

連結與整合

教宗良十四世的牧職才剛啟程。然而，自從五月八日他步上世界的舞台開始，已使人感受到他的清晰思維與使命感。

這種確定與立即安穩下來的感覺，部分原因是他刻意選擇穿著傳統的教宗禮服，除了白色的教宗長袍與短披肩（pellegrina）外，他還加上了紅色肩衣（mozzetta）與領帶（stole）。這並非否定教宗方濟各採取的簡樸風格，而是有心要努力地將他自己和他的教宗職務，以及之前的歷任教宗、古老的傳統與象徵，還有教會，連結起來。

教宗良十四世畫出的這條連接與整合的線，絕不僅止於象徵的意義或拼湊的縫合，而是彰顯了他的願望：要將近代的歷任教宗、梵蒂岡第二次大公會議，以及教父們的教導整合起來。這並不是為了討好檯面上的不同派系或某些教會內權力鬥爭的陣營，而是為了挖掘這些偉大的教父們、大公會議，以及近代教宗特有的寶貴教導，從而在這分裂的時代重建教會的合一。教宗良十四世相信，這些教導能夠推動教會走向根植於基督內的合一，並將我們裝備好以去福傳，這是我們每個人都蒙召從事的艱鉅任務。

這種整合在五月八日頒賜的首次宗座遐福〈致羅馬城及全世界〉中，便已展現，此後每天仍實質地繼續。這在他的公開講話與證道中明顯可見：他多次引用第二次梵蒂岡大公會議的文獻，特別是具有開創性的《教會憲章》（*Lumen gentium*）與《教會在現代世界牧職憲章》、教父們的教導，包括聖奧斯定、教宗聖額我略一世、敘利亞的厄弗冷（Ephrem the Syrian）、安提約基雅的依納爵（Ignatius of Antioch）以及近代的歷任教宗。

羅馬宗座聖多瑪斯大學校長、道明會士湯瑪斯・懷特神父（Fr. Thomas Joseph White, O.P.）在《首要事項》（*First Things*）雜誌發表的〈一場良的重振〉（A Leonine Revival）評論中說：

因此，我們或許可以從每一任教宗身上汲取養分，尋求更全面的合一：從聖若望保祿二世，我們學到他在面對世俗化世界時，如何以根本且有時逆主流文化的方式，為天主教的教導與實踐作出福傳見證；從本篤十六世，我們學到他在教會內推動更深刻的禮儀生活，並全心投入學術與神學的省思；從方濟各，我們學到他以慈悲精神面向所有人，對貧苦者的具體關懷與政策實踐，廣泛向信徒諮詢意見，並關懷那些過去被教會體制忽視或排除的人。*

如同上述這幾位教宗以及許多前任教宗在他們時代所面臨的，良十四世也在他就任宗座之始就必須面對諸多挑戰。今日，這些挑戰包括烏克蘭、加

*湯瑪斯・懷特，"A Leonine Revival,"《首要事項》雜誌，二〇二五年五月十三日、十九日刊登。：https://pse.is/7w8ks3

薩與其他地方的戰爭；科技革命與對人性尊嚴的威脅；日益增長的世俗主義與無神論，以及對宗教信仰的仇視；大規模的移民並尋求尊嚴與工作；社會與文化的斷裂；性別意識形態、墮胎、安樂死與代理孕母，對家庭及人類生命的威脅；以及教會內部的分裂，最引人注目的是德國天主教的「同道偕行旅途」（German Synodal Way）及其在教會內的異端計畫。

我們的新教宗似乎堅信，在新的情勢與處境中，必須聆聽並應用教會歷久彌新的教導，才能鋪設教會與世界未來的道路。因此，他十分用心地以深植於基督為中心的方式，來整合奧斯定與良十三世的思想。

藉著祂、偕同祂、在祂內

我們的心靈與思想橫越汪洋大海，雖然我們曾修書向你們致意……但現在我們決心單獨地向你們發言，我們深信，倘若天主願意，我們可以為你們的天主教事務略盡綿薄之力。

我們懷著最大的熱忱與關懷投身其中，因為我們非常敬重並熱愛這個年輕而且生氣勃勃的美國，我們非常清楚地看見這個國家的潛力，足以同時促進文明與基督信仰的發展。

這是教宗良十三世在〈論美國的天主教〉通諭中的開場白，也是本書一開始引用的文件。他對美國所表達的愛，將在教宗良十四世的身上得到回報，這是何等美妙的事。

然而，從前那位教宗良所說的美國，與今日這位教宗良成長時的美國已大不相同。雖然從世界歷史的角度來看，美國依然是個年輕的國家，但從那封通諭發表以來的一百三十年間，美國已顯著地成熟了。

一八九五年時，良十三世描述美國社會中那股「潛在的力量」可以滋養教會的成長。到了一九五五年，羅伯特·普雷沃斯特在芝加哥誕生時，這股力量已竟全功，美國教會正值鼎盛。像多爾頓與河谷區這樣的地方，堂區就是社區——不僅是靈性生活的核心，更是日常社群生活、甚至政治生活的重心。天主教文化浸潤整個「俗世」，也就是說，那時沒有真正「世俗」的環境，至少，不像我們今日所謂的世俗。

到了教宗良十四世的時代，這一切都消失了。他的堂區與學校都已關閉、荒廢。多爾頓與河谷區，以及芝加哥南區的絕大部分地區都陷入衰敗。天主教文化變成了「文化性的天主教主義」，教會的身分還在，但其源頭——基督與祂的教會——卻常被人們拋在腦後。物質主義、消費主義與功利主義取代了教會教導，甚且信誓旦旦地向世人保證，它們不僅會取代，更能改善基督的真理與平安。

當然，它們全都失敗了。人們變得焦慮與痛苦，內心比以往更不安寧。

首位美國教宗——良十四世親身見證了這個轉變過程。

但這並不是他唯一親身體驗過的、教會與天主子民以及他們所面臨的危機。如果說美國的經驗顯示出現代化的美夢是空虛的，那麼秘魯的經驗則證明了，通往不可信賴的現代化的道路，並非無法避免。在那裡，良十四世見證了極度貧乏的物質環境（他努力地去改善物質環境的貧困），但也同時存在著非常富足的靈性層面。在這經驗中，他看到並體認到，企圖與世俗的現代性妥協，不會帶來任何好處，只會使他所服務的人民失望。

現代西方世界的世俗價值觀，特別是透過大眾傳媒，正迅速滲入他所在的秘魯社會。這無疑使他看見，那些曾在故鄉瓦解教會機制的物質主義與披著美好外衣的意識形態，如今正在這片土地上重新上演。這種社會轉變的過程，堪稱某種新殖民主義，會逐漸將傳統文化改造成現代的世俗文化，但它倚仗的不是武力，而是智慧型手機。

或者更確切一點，他可能會說（事實上他在二〇一二年「新福傳」世界主教會議上的發言中確實說過）具有傳教使命的教會，必須對抗大眾傳媒所傳遞的世俗化「傳教」訊息。

芝加哥、秘魯、羅馬、神父、教師、傳教士、修會總會長、主教、樞機。教宗良十四世在教會中歷練過的各種環境，可能超過所有現今在世的人。他深知，處在不同環境下的天主子民，在許多方面會有非常不同的需要。他也知道，教會必須敏銳而謙卑地回應這些需求。

然而，最重要的是——如同本書前文中良十四世說的一句最關鍵的話：「基督要求我們去傳揚福音，這個終極的挑戰在任何地方都是一樣的。」

追隨偉大的聖奧斯定，教宗良十四世在他的宗座牧職上將會堅定不移地強調耶穌基督的神性位格。這是放諸四海而皆準的真理，因為祂無所不在、永恆不變。祂是每個人、每個時刻——無論是物質匱乏或靈命乾涸時——都需要的那一位。唯有藉著祂，才能夠連結芝加哥、秘魯、羅馬，以及每一個地方、每一個人，因為祂是合一的唯一準則。

在唯一的天主內，我們合而為一。這句話，比任何其他話語都更清楚地表達出教宗良十四世認為當今世界最需要知道的真理。

附錄

教宗良十四世就職彌撒講道的全文

在我受委託的牧職開始之際，我心懷感激地問候你們眾人。聖奧斯定寫過：「祢創造我們是為了祢，我們的心得不到祢，就不能安息在祢的懷抱中。」*

最近這段時日，我們經歷了一段緊鑼密鼓的時期。教宗方濟各的辭世令我們滿心悲痛，在那些艱難時刻，我們感到自己如同〈福音〉所形容的那樣——那些群眾「像沒有牧人的羊」（瑪竇／馬太福音9:36）。然而，在復

*《懺悔錄》第一卷第一章第一節。

教宗良十四世的牧徽，講道是在二〇二五年五月十八日星期日。

活節那天，我們得到了教宗方濟各最後的祝福，在復活的光芒中，我們深信上主決不遺棄祂的子民，會在他們失散時將他們聚集，「看守他們像牧童看守自己的羊群」（耶肋米亞／耶利米書31:10）。

本著這份信德的精神，樞機團召集選舉教宗會議。我們來自不同的經歷和路途，把選舉新的伯多祿繼承人、羅馬主教的心願放在天主的手中。這個牧人有能力守護基督信仰的豐厚遺產，同時能夠將目光投向遠方，設法滿足今日的詢問、不安及挑戰。在你們的祈禱的陪伴下，我們感覺到聖神的作為，祂曉得使不同的樂器協調，讓我們的心弦在同一個旋律上迴盪。

我無功獲選，以弟兄的身分戰戰兢兢地來到你們面前，希望成為你們的信仰和喜樂的僕人，與你們一起在天主大愛的道路上行走，祂希望我們眾人在一個大家庭中團結合一。

相愛與合一——這是耶穌託付給伯多祿使命的兩個面向。

我們在〈福音〉中看到這一點，它將我們帶到提庇黎雅湖邊，耶穌在同一個地方開始了祂從天父接受的使命：「打撈」人類，將人類從邪惡和死亡的境地中拯救出來。耶穌來到湖邊，召叫伯多祿和其他首批門徒像祂那樣成為「漁人的漁夫」，祂復活後，現在應由他們來推進這項使命，不斷地再次撒網，在世界的困境中浮現福音的希望，在生命的海洋中航行，使眾生在天主的懷抱中相會。

伯多祿如何推進這項使命呢？〈福音〉告訴我們，唯有在自己的生命中體驗到天主無條件的大愛——包括那些失敗和被否定的時刻——才能做到。

正因如此，當耶穌對伯多祿說話時，〈福音〉使用了希臘動詞*agapáo*，指的是天主對我們的愛，那是一種毫無保留、毫無計算的自我奉獻；而伯多祿回應時所用的動詞，則描述了我們彼此之間的友誼之愛。

當耶穌詢問伯多祿：「若望的兒子西滿，你愛我嗎？」（若望／約翰福音21:16）此處指的是天父的愛。這好似耶穌在說：唯有明認及體驗這從未缺少的天主之愛，你才能牧放我的羊群。唯有在天主父的愛內，你才能「更」愛你的弟兄們，也就是為你的弟兄們捨棄性命。

可見，伯多祿被賦予的任務正是「愛得更多」，以及為羊群奉獻他的生命。伯多祿的牧職正是以這獻身之愛為標誌，因為羅馬教會是在愛德中運作，其真正的權威在於基督的愛。這絕不是以欺壓、宗教宣傳或權術來捕獲他人，而是以始終且唯一的愛，就如耶穌所行的那樣。

伯多祿宗徒親自告訴我們，耶穌是「匠人所棄而不用的石頭，反而成了屋角基石」（宗徒大事錄／使徒行傳4:11）。如果說基督是這塊基石，伯多祿就必須牧養羊群，但絕不能屈服於成為獨裁者的誘惑，對那些託付給他的人們頤指氣使，成為一個高高在上的頭目（伯多祿／彼得前書5:3）。相反，他應該是蒙召服事弟兄姊妹的信仰，與他們並肩前行，因為我們都被立為「活石」（伯多祿前書2:5），蒙召藉著聖洗聖事，在兄弟般的共融中、在聖神的和諧中、在多元的共存中，建造天主的殿宇。正如聖奧斯定所說：「教會由所有與弟兄姊妹和睦相處、愛近人的人組成。」（《講道集》三五九，9）

弟兄姊妹們，我希望這是我們的首要願望：一個合一的教會，即合一與共融的記號，為一個和好的世界成為酵母。在當今時代，我們仍然看到太多的不和諧，太多由仇恨、暴力、偏見、對差異的恐懼，以及剝削地球資源、將最貧窮者邊緣化的經濟模式所造成的創傷。我們希望在這麵團中，成為團結、共融、友愛的一小塊酵母。我們願意謙卑而喜樂地對世界說：你們要注視基督！走近祂！接納祂啟迪與安慰的聖言！聆聽祂愛的建言，成為祂的唯一大家庭：**在唯一的基督內，我們皆為一體**。

這是我們應該一起走的路，不僅在我們之間，也與基督信仰的姊妹教會、與那些在其他宗教道路上行走的人、與急切尋找天主的人、與所有良善的男女，一起建設一個和平盛行的新世界。

這就是我們必須秉持的傳教精神，不將我們封閉在自己的小團體內，也不覺得自己高於世界。我們蒙召向所有人呈獻天主的愛，以達成合一。這合一不是消除差異，而是尊重、珍惜每個人的個人歷史以及每個民族的社會和宗教文化。

弟兄姊妹們，這是愛的時刻！天主的仁愛使我們成為彼此的手足，這是福音的核心，今天我們能與我的前任良十三世一起詢問自己：如果這個準則「盛行於世，各種紛爭豈不立即停止，和平或許重返人間？」（《新事》通

諭，二十一號）

藉著聖神的光和力量，讓我們建立一個以天主的愛為基礎、以合一為標記的教會，一個向世界張開雙臂、宣講聖言、具有傳教使命的教會，放下歷史的困擾，成為人類和諧的酵母。

作為一個子民、作為眾弟兄姊妹，我們要一起行走，與天主相遇，也彼此相親相愛。

致謝

本書得以付梓，有許多我想要特別感謝的人。

本書能夠按計畫迅速完成出版，要特別感謝「永恆聖言電視網」（EWTN, Eternal Word Television Network）董事會主席兼執行長邁克爾・瓦索（Michael Warsaw）的信任。感謝「永恆聖言電視網」新聞部總裁兼營運長蒙策・阿爾瓦拉多（Montse Alvarado）的熱情支持。感謝駐教廷記者主任安德里亞斯・通豪瑟（Andreas Thonhauser）及其傑出的團隊，他們在「宗座出缺期」（sede vacante）不辭辛勞的工作。

我也要感謝「永恆聖言電視網」出版部的德文・瓊斯（Devin Jones）及

泰勒・威爾森（Taylor Wilson）一路不懈的支持，也衷心感激布蘭登・麥金利（Brandon McGinley）的大力協助。

最後我要感謝我的妻子邦妮，在我撰寫和準備本書的期間，她以無比的耐心陪伴我。

國家圖書館出版品預行編目資料

教宗良十四世：從芝加哥、秘魯到羅馬聖座 / 瑪竇.邦森(Matthew Bunson)著 ; 王念祖譯. -- 初版. -- 臺北市 : 啟示出版 : 英屬蓋曼群島商家庭傳媒股份有限公司城邦分公司發行, 2025.08
面 ;　公分. -- (Soul系列 ; 72)

譯自 : Leo XIV : Portrait of the First American Pope

ISBN 978-626-7257-96-8 (平裝)

1.CST: 教宗良十四世(Leo XIV, Pope, 1955-)　2.CST: 天主教
3.CST: 教宗傳記

249.4　　114010501

線上版讀者回函卡

Talent系列72

教宗良十四世：從芝加哥、秘魯到羅馬聖座

作　　者／瑪竇・邦森（Matthew Bunson）
譯　　者／王念祖
企畫選書人／周品淳
總 編 輯／彭之琬
責任編輯／周品淳

版　　權／江欣瑜
行銷業務／周佳葳
事業群總經理／黃淑貞
發 行 人／何飛鵬
法律顧問／元禾法律事務所王子文律師
出　　版／啟示出版
台北市南港區昆陽街 16 號 4 樓
電話：(02) 25007008　傳真：(02)25007759
E-mail:bwp.service@cite.com.tw
發　　行／英屬蓋曼群島商家庭傳媒股份有限公司城邦分公司
台北市南港區昆陽街 16 號 8 樓
訂購服務／書虫客服服務專線：02-25007718；25007719
服務時間：週一至週五上午09:30-12:00；下午13:30-17:00
24小時傳真專線：02-25001990；25001991
劃撥帳號：19863813；戶名：書虫股份有限公司
讀者服務信箱：service@readingclub.com.tw
城邦讀書花園：www.cite.com.tw
香港發行所／城邦（香港）出版集團有限公司
香港九龍土瓜灣土瓜灣道86號順聯工業大廈6樓A室
電話：(852)25086231　傳真：(852)25789337　E-MAIL：hkcite@biznetvigator.com
馬新發行所／城邦（馬新）出版集團【Cite (M) Sdn Bhd】
41, Jalan Radin Anum, Bandar Baru Sri Petaling, 57000 Kuala Lumpur, Malaysia.
電話：(603) 90578822　傳真：(603) 90576622
Email: cite@cite.com.my

封面設計／李東記
排　　版／芯澤有限公司
印　　刷／韋懋實業有限公司

■2025 年 8 月 21 日初版　　Printed in Taiwan

定價350元

城邦讀書花園
www.cite.com.tw

 ISBN 978-626-7257-96-8　9786267257951 (EPUB)